QUESTIONS DE SOCIOLOGIE

L. GARRIGUET

Supérieur du Grand Séminaire
d'Avignon

Prêt Intérêt Usure

408 — SCIENCE ET RELIGION. — Etudes pour le temps présent

BLOUD & Cie

PRÊT, INTÉRÊT ET USURE

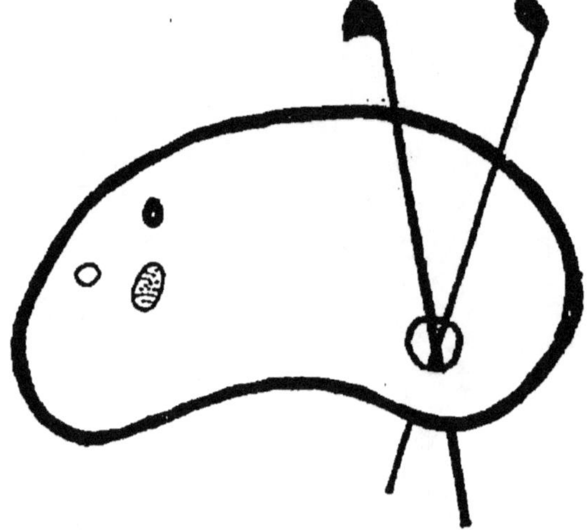

FIN D'UNE SERIE DE DOCUMENTS
EN COULEUR

ETUDES DE SOCIOLOGIE

X

PRÊT, INTÉRÊT ET USURE

PAR

L. Garriguet

Supérieur du Grand Séminaire d'Avignon

PARIS

LIBRAIRIE BLOUD & Cie

4, RUE MADAME, 4

1907

MÊME COLLECTION

Du même auteur :

Question sociale et Ecoles sociales *(152-153)*.	2 vol.
Propriété privée *(154-155)*....................	2 vol.
Salaire *(264)*....................................	1 vol.
Contrat de travail *(292)*....................	1 vol.
Association ouvrière *(293)*................	1 vol.
Capital et Capitalisme *(304)*..............	1 vol.
Production et Profit *(358)*..................	1 vol.

PRÊT, INTÉRÊT ET USURE

CHAPITRE PREMIER

Notions préliminaires.

§ I. — Du prêt.

I. *Définition du prêt.* — Le *prêt en général* est un contrat par lequel une personne (le prêteur) cède gratuitement à une autre personne (l'emprunteur) une chose quelconque pour en user, mais seulement pour un temps et avec charge de restitution quand viendra le moment fixé. Le *prêt* diffère donc du *louage* à cause de sa gratuité ; du *don* à cause de l'obligation de rendre qu'il comporte ; du *dépôt* à cause du droit qu'il confère de se servir de la chose prêtée. Au fond le prêt, comme le droit romain le fait fort justement remarquer, n'est qu'un service rendu à un de nos semblables, auquel nous faisons le don temporaire de l'usage d'un objet : *Mutuum proprie nihil aliud est quam officium et donatio usus pecuniæ* (1).

II. *Espèces de prêt.* — 1° Parmi les choses qui peuvent être prêtées, — les unes continuent à subsister après que l'emprunteur s'en est servi, elles ne sont pas détruites par l'usage qu'il en fait ; par exemple : un livre, un outil, un cheval, une charrette ; — les autres, au contraire, ne survivent pas à l'usage qu'on en fait, elles sont détruites par le fait même qu'on s'en sert. C'est le cas de toutes les denrées alimentaires et de tous les

(1) *Digeste* : lib. LXIII, tit. 26.

objets qui se consomment ou se transforment quand on les emploie : ainsi en est-il du pain qu'on emprunte pour manger, du charbon pour brûler, du grain pour semer. Les choses qui se consomment de la sorte par l'usage s'appellent dans la langue du droit *fongibles*, les autres, *non fongibles*. On range parmi les choses fongibles l'argent monnayé. Un emprunteur, en effet, ne peut l'utiliser qu'à la condition de le faire passer dans d'autres mains et par là, en quelque manière, de le voir détruit pour lui et pour le prêteur, échangé qu'il est en marchandises ou en objets d'alimentation.

Aussi comme le dit notre Code civil (art. 1874), « il y a deux sortes de prêts : celui des choses dont on peut user sans les détruire et celui des choses qui se consomment par l'usage qu'on en fait. La première espèce s'appelle *prêt à usage* ou *commodat ;* la seconde s'appelle *prêt de consommation* ou simplement prêt. » A cette dernière les Romains donnaient le nom de *mutuum*, terme qui revient si souvent dans la théologie, le droit canon et l'ancien droit civil.

a) Le *prêt à usage* ou *commodat* est un contrat par lequel l'une des parties livre une chose à l'autre pour s'en servir à la charge pour le preneur de la rendre *in specie* après s'en être servi. Tout ce qui est dans le commerce et ne se consomme pas par l'usage peut être l'objet de cette convention.

b) Le *prêt de consommation* ou *mutuum* est un contrat par lequel l'une des parties livre à l'autre une certaine quantité de choses qui se consomment par l'usage, à charge par l'emprunteur de lui en rendre autant de la même espèce et de la même qualité. — Dans le *commodat,* on rend l'objet prêté lui-même, l'objet *in specie* ; dans le *mutuum,* on ne restitue que l'équivalent, c'est-à-dire l'objet *in genere*.

2° En se plaçant à un autre point de vue on distingue encore le prêt en *prêt de consommation* et *prêt de production*. — *a)* Il y a prêt de *consommation* — (le mot consommation est pris ici dans son sens économique et n'a pas du tout la même signification que l'expression juridique dont il vient d'être question) — lorsque l'on emprunte pour manger, s'entretenir, subvenir à ses besoins ou se livrer à des dépenses inutiles ; c'est le cas des malheureux et des prodigues. — *b)* Il y a *prêt de production* ou de *spéculation* lorsqu'on emprunte non pour subvenir à ses besoins ou à ses plaisirs, mais pour étendre son commerce, développer son industrie, se livrer à la spéculation, gagner de l'argent en faisant fructifier les sommes empruntées ; c'est le cas de tous ceux qui font des appels de capitaux pour lancer des affaires et augmenter leur richesse. — Jadis le prêt de *consommation* était presque seul usité, aujourd'hui celui de *production* est de beaucoup le plus ordinaire. S'il y a encore des gens qui empruntent par besoin, il y en a davantage qui empruntent pour faire fortune. De nos jours le prêt de consommation est devenu l'exception et le prêt a pris un caractère nouveau, un caractère essentiellement économique, il est devenu un mode de production (1).

III. *Essence du prêt.* — Le prêt est caractérisé par trois choses : le *droit d'user de la chose prêtée*, l'*obligation de la rendre au temps fixé*, et la *gratuité absolue du contrat*. Il est de l'essence du prêt, aussi bien du prêt à usage que du prêt de consommation, d'être complètement gratuit. Il appartient à la famille des contrats de *bienfaisance*. Si le prêteur stipule de l'emprunteur quelque prestation comme contre-valeur de l'avantage qu'il lui procure, la convention ne constitue plus un *prêt*. Ce sera un *louage* si la rémunération stipulée consiste dans une somme d'argent ; un *contrat innomé* si elle consiste en toute autre prestation. Il y a entre le prêt et le louage la même différence qu'entre le don et la vente : le prêt est le don d'un usage, le louage en est la vente.

(1) L'emprunt de *production* enrichit souvent celui qui le contracte alors même qu'il doive payer des intérêts. Dans le prêt de *consommation* le paiement des intérêts appauvrit fatalement celui qui a emprunté. Il aurait souvent de la peine à réunir de quoi rendre le capital consommé, capital qui ne lui a rien rapporté puisqu'il l'a consommé, comment réunir de quoi payer le capital et des intérêts qui sont venus l'augmenter ?

§ II. — De l'intérêt.

I. *Définition de l'intérêt.* — On donne le nom d'*intérêt* au profit que le prêteur stipule pour prix de la jouissance qu'il confère à l'emprunteur. En exigeant un intérêt, le prêteur ne prête pas à proprement parler, il *loue* l'objet pour un certain temps et pour une certaine rétribution. L'expression de *prêt à intérêt*, si fréquemment employée, renferme une vraie contradiction ; prêt et intérêts sont termes qui s'excluent, car, comme nous venons de le voir, le prêt est essentiellement gratuit. Aussi les économistes n'hésitent pas à regarder tout prêt à intérêt comme un véritable louage. Notre code civil se conformant à un usage séculaire conserve à l'opération le nom de prêt ; le langage populaire a fait de même. Cela n'empêche pas qu'intérêt d'argent ne soit synonyme de loyer d'argent et que cette dernière expression ne soit plus exacte.

II. *Espèces d'intérêts* — On distingue deux sortes d'intérêts quand il s'agit d'argent et même quand il s'agit de tout autre chose : l'intérêt *légal* et l'intérêt *conventionnel*. Il est *légal* lorsque le taux en est fixé par les pouvoirs publics ; il est *conventionnel* lorsque la loi se tait et que la fixation du taux est laissé au libre accord des parties.

La *rente* forme une espèce à part d'intérêt. Sa constitution est considérée par le code civil (art. 1909) comme un prêt à intérêt. Le prêteur transmet à l'emprunteur la propriété d'un capital dont il s'interdit le droit de jamais demander le remboursement ; en retour l'emprunteur s'engage à payer annuellement, soit pour toujours, soit jusqu'à la mort du prêteur, suivant que la rente est constituée en viager ou en perpétuel, une somme déterminée. Le contrat de constitution de rente avait été imaginé dans l'ancien droit pour éluder la prohibition du prêt à intérêt. Cette opération était censée ne pas constituer un prêt, mais une vente, la chose vendue, c'est la rente, et le capital versé par le crédit-rentier en est le prix (1).

III. *Légitimité de l'intérêt.* — La question se ramène à ceci : est-il permis de louer les choses que l'on prête, c'est-à-dire de toucher un prix pour l'usage temporaire qu'on cède, de ces choses ? — 1° Les théologiens comme les jurisconsultes conviennent et ont de tout temps convenu généralement, qu'on peut licitement céder pour un certain prix l'usage des choses *non fongibles*, et il est loisible de faire, à son gré, de ces choses matière de *commodat* ou matière de *louage*.

2° Presque tous les théologiens et un grand nombre de jurisconsultes ont soutenu autrefois qu'il en était tout autrement des choses *fongibles*. Ils n'admettaient pas qu'on pût légitimement les louer. Ils condamnaient donc le prêt à intérêt de l'argent et professaient que la matière du *mutuum* ne saurait, en aucun cas, devenir matière régulière d'un contrat de louage. Ils n'admettaient pas davantage qu'on pût légitimement stipuler une rémunération pour le service rendu à l'emprunteur, et pour eux tout profit retiré du mutuum *vi mutui* était une injustice et constituait un acte d'usure. Cette opinion est presque totalement abandonnée aujourd'hui, comme nous le verrons plus tard. Elle n'est plus guère soutenue que par les socialistes et par quelques membres de l'extrême-gauche des démocrates chrétiens.

§ III. — De l'usure.

Il y a peu de mots qui aient été pris dans plus de sens que celui d'*usure*. Il importe d'en préciser la significa-

(1) La constitution de rente est devenue rare dans notre droit actuel où elle n'a pas la même raison d'être que dans l'ancien, puisque le prêt à intérêt n'est plus prohibé par les lois civiles, ni défendu par les prescriptions canoniques. Seuls, à peu près, aujourd'hui, les Etats empruntent sous cette forme qui leur offre l'avantage de ne pas être à la discrétion des prêteurs, tout en permettant à ceux-ci de rentrer facilement dans leurs fonds, quand ils le veulent, par le moyen d'une vente faite à la Bourse.

tion si nous voulons arriver à une clarté suffisante dans les développements de cette Etude.

1° *Etymologiquement*, le mot *usure* désigne l'acte d'user, de se servir d'une chose : ainsi les latins disaient *usura vitæ, usura corporis, usura solis*. Peu à peu son sens s'est étendu, il a signifié non plus seulement l'acte d'user d'une chose, mais la cession, par le propriétaire, à un tiers de l'usage de cette chose, et plus tard la rétribution retirée de cette cession.

2° *Dans le droit romain*, le mot usure avait le même sens que parmi nous le mot intérêt : on disait *solvere usuras*. Il ne se prenait pas toujours en mauvaise part comme on le fait actuellement. Il désignait la rétribution qu'on retire du prêt ; aussi bien la rétribution considérée par la loi comme légitime, que la rétribution abusive, violant la justice et réprouvée par le droit. Il est vrai cependant que, même à Rome, l'usure était généralement vue de mauvais œil et que ceux qui s'y adonnaient étaient tenus en assez maigre estime. Cela venait de ce que les prêts pour l'ordinaire s'y faisaient à des taux très élevés et aboutissaient à la ruine complète des pauvres.

3° *Dans les Pères de l'Eglise*. — Les Pères ont conservé au mot usure le sens qu'il avait dans le droit romain. Il y avait usure toutes les fois que dans un prêt — aussi bien dans le prêt à usage ou *commodat* que dans le prêt des choses fongibles ou *mutuum* — on exigeait de l'emprunteur quoi que ce soit au delà de ce qu'on lui avait prêté. Les Pères, tout en étant généralement très sévères pour l'usure, ne vont pas jusqu'à déclarer toute perception d'intérêt illicite et coupable.

4° *Dans le droit canon primitif et dans une partie de la théologie médiévale* on donnait le nom d'usure au fait de retirer non de tout prêt, mais du prêt de consommation, c'est-à-dire du *mutuum*, un intérêt quelconque. Il y avait usure chaque fois qu'à l'occasion du contrat de *mutuum* on prenait un bénéfice, que le bénéfice fût considérable ou minime, obtenu d'un riche ou exigé d'un pauvre, prélevé avec ou sans titres extrinsèques et cela que le *mutuum* fût fait dans les formes ordinaires ou qu'il fût dissimulé sous la forme d'un autre contrat. Le prêteur n'avait droit qu'au remboursement pur et simple de la chose prêtée, tout ce qu'il recevait en plus constituait un vol. Le mot usure était toujours pris en mauvaise part et sa pratique était considérée comme une abominable violation des lois de Dieu et de celles de la nature.

5° *Dans le droit canon intermédiaire et dans la plupart des théologiens même scolastiques*, le sens du mot usure fut légèrement modifié. Il ne désigna plus toute perception de profit dans le prêt d'un objet fongible, mais seulement toute perception de profit opérée uniquement en raison du *mutuum, vi mutui* comme disent les auteurs. L'indemnité perçue par le prêteur en vertu de quelqu'un de ces titres extrinsèques, dont nous aurons à nous occuper plus tard, n'était pas considérée comme profit usuraire et par conséquent pas regardée généralement comme illégitime pourvu qu'elle n'eût rien d'exagéré. On lui donna le nom d'*intérêt, interesse*. Ceux qui lui conservèrent le nom d'usure l'appelèrent *usura compensatoria* pour la distinguer de l'usure coupable à laquelle ils donnèrent le nom d'*usura lucratoria*.

« Le genre de péché qui s'appelle usure, — dit Benoît XIV dans sa bulle célèbre : *Vix pervenit* — qui a sa place et son siège propre dans le contrat de prêt, consiste en ce que celui qui a prêté exige en vertu du prêt, dont la nature est qu'on rende seulement ce qui a été reçu, qu'il lui soit rendu plus qu'il n'a donné ; et en conséquence il prétend qu'il lui est dû, en raison du prêt, un certain lucre au-dessus du capital. Par conséquent tout bénéfice qui excède le capital prêté est illicite et usuraire... On n'entend pas pourtant nier le moins du monde qu'il ne puisse quelquefois se rencontrer dans le contrat de prêt certains titres extrinsèques, comme on dit, et non congénères à la nature du prêt, en vertu desquels surgit une cause tout à fait juste et légitime d'exiger quelque chose au-dessus du capital, qui était dû à raison du prêt. »

Le Ve Concile de Latran avait, en 1515, plus nettement encore précisé ce qu'il faut entendre par usure. « Il y a usure, déclare-t-il, là où il y a gain qui ne provient pas d'une cause frugifère et qui n'implique ni travail, ni dépense, ni risque de la part du prêteur : *ea est propria usurarum interpretatio quando videlicet ex usu rei quæ non germinat, nullo labore, nullo sumptu, nullove periculo, lucrum fœtusque conquiri studetur* (1). »

6° *Dans le droit canon contemporain,* le mot usure a pris à peu près le même sens que dans le droit civil, et si on l'y trouve encore quelquefois employé dans son acception ancienne, c'est à simple titre de souvenir historique et pour ne pas rompre avec la terminologie consacrée par les canonistes, et pour les théologiens d'aujourd'hui il n'y a réellement usure que lorsqu'on exige un intérêt exagéré et injuste.

7° *Dans le droit civil français,* on entend par usure la perception, dans le prêt, d'un intérêt excédant le taux légal, quel que soit le moyen employé par le prêteur pour obtenir cet intérêt, car les conventions usuraires peuvent se dissimuler sous toutes sortes de formes (2).

8° *Dans le langage courant,* on donne le nom d'usure à toute perception surabondante de profit dans n'importe quel genre d'opération et n'importe par suite de quelle convention. On regarde comme usure toute injuste exaction, toute oppression abusive exercée en

(1) De tout ce qui vient d'être dit il résulte que l'*usure* est, en droit canon, la stipulation ou la perception d'un profit en vertu d'un prêt d'objet fongible. Le concept d'usure est inséparable de celui de *mutuum* ; là où il n'y a pas de *mutuum* il ne saurait y avoir d'usure dans le vrai sens du mot, aucun autre contrat ne peut y donner lieu : « *Usura sedem propriam habet in mutuo,* » dit Benoît XIV dans sa *Lettre encyclique aux patriarches, archevêques et évêques d'Italie.*

(2) La plus pratiquée de ces formes usuraires, parce qu'elle offre le plus de sécurité aux usuriers à raison de la quasi-impossibilité d'en établir l'existence, consiste à faire souscrire à l'emprunteur une reconnaissance excédant le chiffre de la somme qu'il reçoit : ainsi l'usurier qui veut prêter 1.000 francs pour un an moyennant un intérêt de 100 francs, ce qui représente 10 0/0, ne versera que 950 francs à l'emprunteur auquel il fera souscrire une reconnaissance de 1.000 francs avec intérêt à 5 0/0.

vertu d'un contrat ; et comme contrats usuraires tous ceux dans lesquels on s'attribue au delà de ce à quoi on aurait régulièrement droit. On traite d'usurier le marchand qui abuse du besoin de son client pour majorer le prix de sa marchandise, le patron qui profite du chômage pour ne payer ses ouvriers qu'à des prix insuffisants, le sociétaire qui se taille dans les dividendes une part exagérée, le lanceur d'affaires qui se réserve plus que de droit dans les profits futurs de l'entreprise, le courtier qui prélève une commission trop grande, l'intermédiaire qui prend sans mesure du côté du vendeur et du côté de l'acheteur, le commerçant qui vend à crédit aux pauvres, mais s'arrange pour toucher de cette espèce de prêt des intérêts énormes. Il faut cependant rappeler que toutes les injustices, toutes les exactions et toutes les oppressions commises en dehors du *prêt de consommation* ou *mutuum* ne peuvent qu'improprement être classées parmi les usures, telles au moins que les conçoit la théologie.

§ IV. — Objet de cette étude.

Le but de cette étude est d'exposer, en essayant de leur donner une solution, une des questions théologiques qui ont été le plus discutées et un des problèmes économico-sociaux qui préoccupent le plus notre temps : le *loyer de l'argent*. Dans ce travail consacré à l'intérêt et à l'usure, nous laisserons de côté tout ce qui concerne le prêt des denrées et de toutes les autres choses fongibles qui ne sont pas monnaie. Nous nous occuperons exclusivement du prêt ou plutôt de la location de l'argent et de la rémunération qu'on peut légitimement en tirer. Nous nous demanderons avec les moralistes s'il est permis d'exiger un intérêt raisonnable de capitaux temporairement mis à la disposition soit d'un industriel pour servir à la production, soit d'une autre personne pour faire face à des besoins de consommation qu'elle ne peut satisfaire qu'en recourant à un emprunt ; — et avec les économistes si un capitaliste, qui met des fonds dans une entreprise, à laquelle il ne prête d'autre concours que ce concours pécuniaire, peut sans injustice toucher une part du bénéfice.

Longtemps la théologie a refusé d'admettre la légitimité du contrat de louage des matières fongibles et a, en conséquence, enseigné que tout prêt à intérêt de ces matières, même le prêt de production, devait être considéré comme usuraire et partant comme absolument réprouvé. — Aujourd'hui les socialistes qui s'inspirent des théories de Karl Marx ne cessent de répéter que les capitaux sont essentiellement improductifs, que le travail de l'homme est le facteur unique qui crée la valeur, que l'intégralité du produit doit donc revenir à l'ouvrier et que tout prélèvement opéré sur la vente de ce produit, par ceux qui se sont contentés de mettre quelques capitaux dans l'entreprise, est purement et simplement un vol. Les bailleurs de fonds ne sauraient sans criante injustice tirer un bénéfice de ce qui est, par sa nature, incapable d'en donner.

Voyons ce qu'il faut penser de ces théories, mais avant jetons un regard sur ce qu'a été le prêt à intérêt à travers les âges. Ce rapide aperçu historique servira à éclaircir la question.

CHAPITRE II

Aperçu historique sur le prêt à intérêt.

§ I. Le prêt a intérêt dans l'antiquité.

I. *Le prêt à intérêt chez les peuples orientaux.* — L'usage pour le prêteur de se faire payer une certaine somme par l'emprunteur jusqu'à ce que celui-ci se soit libéré, se rencontre dans les sociétés les plus anciennes de l'Orient. Ainsi les *Egyptiens* avaient dans leur législation un ensemble de dispositions sur les intérêts de l'argent. Ces dispositions ne sont pas parvenues jusqu'à nous. Nous savons seulement par un passage de Diodore de Sicile qu'une loi de Bocchoris défendait au prêteur, quelqu'ancienne que fût sa créance, d'exiger pour les intérêts une somme dépassant le chiffre du capital emprunté.

Les populations commerçantes de la Phénicie, les Tyriens, les Sidoniens, les habitants de l'île de Crète connurent, comme les Egyptiens, le prêt à intérêt. Il en fut de même des Babyloniens.

II. *Le prêt à intérêt chez les Juifs.* — Le prêt à intérêt fut connu et usité chez les Hébreux comme chez les autres peuples orientaux. Ils l'avaient vu pratiquer en Egypte, et ils l'auraient probablement pratiqué de la même façon si la loi n'était venu formellement le défendre entre Israélites : « *Si tu prêtes de l'argent à mon peuple*, est-il dit dans l'Exode (xxii-24), *au pauvre qui est près de toi, tu ne seras pas dur envers lui et tu ne lui prendras pas d'argent.* » — « *Si ton frère devient pauvre*, lisons-nous dans le Lévitique (xxv-35-36-37) *et que sa main fléchisse près de toi, tu le soutiendras. Tu ne tireras de lui ni intérêt, ni usure. Tu craindras ton Dieu, et ton frère vivra avec toi. Tu ne lui prêteras pas ton argent à intérêt et tu ne lui prêteras pas tes vivres à usure* » — « *Tu n'exigeras de ton frère*, est-il encore écrit dans le Deutéronome (xxiii-19), *aucun intérêt ni pour argent, ni pour vivres, ni pour rien de ce qui se prête à intérêt. Tu pourras tirer un intérêt de l'étranger, mais tu n'en tireras pas de ton frère afin que l'Eternel ton Dieu te bénisse dans tout ce que tu entreprendras au pays dont tu vas entrer en possession.* »

De ces divers textes, du dernier surtout, il ressort qu'il était défendu à un Hébreu de prêter à intérêt à un autre Hébreu, mais qu'il pouvait prêter à inté[illegible] à un étranger. De cette dernière autorisation les Juifs ne firent pas faute d'user. Toutes les écoles rabbiniques leur en reconnurent le droit et ils pratiquèrent toujours l'usure, au moins au sens canonique du mot, non seulement à l'égard des peuples qui les entouraient, mais même, plus tard, à l'égard des prosélytes de la porte, c'est-à-dire des païens venus au judaïsme.

Ils mirent beaucoup moins d'empressement à observer la défense que contenait la loi, qu'ils n'en montrèrent à profiter de l'autorisation qu'elle renfermait. Les instincts, qui depuis ont caractérisé leur race, se faisant jour déjà, ils manifestèrent une peu édifiante tendance à ne pas assez faire la distinction entre « frères et étrangers ». Nous en trouvons la preuve dans les reproches et les menaces que Dieu eut tant de fois occasion de leur faire adresser par ses Prophètes.

La loi ne fixait pas le taux auquel le Juif pouvait légitimement prêter aux étrangers. Dans l'esprit du législateur, ce taux devait toujours être équitable, mais le silence du texte offrait à des hommes, si âpres au gain et si attachés aux biens de la terre, une trop commode occasion de s'enrichir « des dépouilles des Egyptiens » pour qu'ils n'aient pas succombé à la tentation de réaliser « de petits bénéfices ». Si nous devons juger de ce qui se passa alors par ce qui n'a cessé de se passer depuis, nous pouvons, sans crainte de faire erreur, affirmer qu'il y eut de jolis abus (1).

III. *Le prêt à intérêt chez les Grecs.* — La légitimité du prêt à intérêt, universellement admise aujourd'hui, semble également avoir été acceptée dans la pratique quotidienne, de la vie des républiques grecques, quand elles furent arrivées à ce degré de civilisation qu'implique le prêt d'une somme d'argent (2). Les orateurs, les politiques, l'opinion publique reconnaissent au prêteur le droit de tirer un profit de son argent, ils ne s'élèvent que contre les abus. Il n'en est pas de même de certains philosophes, et non des moindres. Platon, dans son *Traité des lois,* défend le prêt à intérêt avec cette

(1) Les défenses mosaïques de l'usure partent de ce principe que les pauvres seuls ont besoin d'emprunter, qu'on ne doit pas leur refuser ce qu'ils demandent, « *Celui qui pratique la miséricorde prête à son prochain* » (Eccli. XXIX-1) et qu'à plus forte raison on ne doit pas s'enrichir à leurs dépens. Le prêt étant considéré comme inspiré par la charité excluait nécessairement l'idée de profit pour le prêteur. C'est le soulagement du pauvre que le législateur avait en vue, du pauvre qui a souvent une grande peine à rendre seulement la somme prêtée et qui se trouvera comme fatalement ruiné s'il doit en plus payer un intérêt. Au lieu, dans ce cas, de lui rendre service en lui prêtant, on ne ferait qu'accroître sa misère.

(2) A Athènes, ville essentiellement commerçante et industrielle, on trouve dès la plus haute antiquité, non seulement le prêt à intérêt, mais une législation et un système de crédit parfaitement organisé. La banque florissait dans l'Attique et la nécessité du commerce avaient révélé aux habitants les principales formes du prêt à intérêt, notamment du *prêt à la grosse aventure.* On trouve aussi dans la législation un système très complet de garanties pour le prêteur et entre autres choses l'hypothèque publique. — Dans l'énumération que fait Aristote des principaux contrats figurent : le prêt à usage Χρῆσις et le prêt de consommation δανεισμος ; le prêt gratuit Χρέος ou Χρεως et le prêt onéreux δάνειον, δάνεισμα. Le prêt gratuit était considéré comme un acte de pure bienfaisance. — Athènes, comme nos cités modernes, avait ses prodigues qui empruntaient sans compter et payaient d'énormes intérêts à des prêteurs sans scrupules. Les usuriers spéculant sur le besoin, les vices, la misère et l'ignorance étaient évidemment mal vus, mais lorsque le prêt n'avait pas ce caractère oppressif, il était aux yeux du peuple athénien aussi respectable et aussi inviolable que tout autre contrat. Les banquiers honnêtes jouissaient d'estime et de considération. — La Grèce pratiqua l'intérêt composé, ou intérêt des intérêts ; elle pratiqua pareillement, ce qui est si répandu aujourd'hui dans le monde de l'usure, le prélèvement sur la somme prêtée pour se payer les premiers intérêts.

sanction que si la défense n'est pas observée l'emprunteur sera autorisé non seulement à refuser l'intérêt, mais encore à ne pas rembourser le capital.

Dans la *République* idéale sortie de sa plume, il ne laisse aucune place au prêt, car il interdit aux citoyens, qui devaient la composer, d'avoir chez eux aucune monnaie d'or ou d'argent. — Aristote, dans sa *Politique* (l. I ; ch. III, § 23) s'exprime ainsi : « L'argent ne doit servir que pour faciliter l'échange des produits. Il est naturellement stérile. En retirer un fruit, alors qu'il est incapable de rien produire, c'est agir contrairement à la nature. » On laissa dire les philosophes et on continua à prêter et à emprunter à intérêt. Ce n'étaient pas seulement les banquiers et les particuliers qui prêtaient de l'argent à intérêt, les dèmes, les phratries, les temples eux-mêmes employaient en prêts fructueux leurs capitaux disponibles.

A Athènes et dans toute la Grèce en général, la fixation du taux, du τοκος, était abandonnée à la convention des parties. Cette liberté illimitée fut cause de bien des abus. On prêtait habituellement au mois. On prêtait aussi à la journée et dans ce dernier cas on exigeait au moins une obole par mine, ce qui permettait de réaliser 61 0/0 par an ; on allait parfois jusqu'à exiger une obole et demie par drachme, doublant ainsi le capital en 4 jours. Plusieurs auteurs ont soutenu que le *taux usuel* était de 12 0/0, leur affirmation ne repose sur aucune preuve concluante. Ce taux a varié, suivant les époques et les circonstances, entre 10 et 48 0/0.

Jusqu'au VIe siècle avant notre ère, le débiteur insolvable était à la libre disposition du créancier qui pouvait le faire travailler comme esclave ou même le vendre à un étranger. Ce fut Solon qui modifia la législation sur ce point.

IV. *Le prêt à intérêt chez les Romains.* — L'usure fut une des plus terribles plaies de Rome. L'intérêt s'y appelle *fœnus* dans l'ancienne législation. Dans les textes juridiques classiques le mot *fœnus* est remplacé par celui d'*usura* et quelquefois dans les textes littéraires par ceux de *merces* ou *versura*. Le *fœnus*, véritable louage d'argent, diffère essentiellement du *mutuum*, contrat gratuit. Plutarque nous apprend qu'à la fin de la République un prêt sans intérêt était une grande rareté.

Quant au taux de l'intérêt dans le droit archaïque et jusqu'au dernier siècle de la République, Tacite en a résumé l'histoire dans une phrase célèbre mais obscure : « *Primo XII Tabulis sancitum ne quis unciario fœnore amplius exerceret cum antea ex libidine locupletum agitaretur.* »

Ce qui est certain, c'est que, jusque la loi des XII Tables (450 avant Jésus-Christ), le taux de l'intérêt n'avait pas été fixé, l'usure était libre. Les plébéiens écrasés par les exactions des prêteurs se plaignent et se soulèvent. Pour obvier aux abus monstrueux qui existent, la loi des XII Tables essaie de limiter l'intérêt, elle fixe un taux : le *fœnus unciarium*. On ne sait pas au juste quel était ce taux, l'opinion la plus probable est celle qui le porte à 12 ou 10 0/0.

La loi des XII Tables formulait des pénalités contre les créanciers qui dépassaient le taux légal, malgré cela elle ne fut pas observée et l'usure continua son œuvre vorace. Elle alla si loin et provoqua tant de protestations qu'en 376 avant Jésus-Christ, la loi *Licinia Sestia*, dut procéder à une liquidation générale de toutes les dettes antérieures. En 336 avant Jésus-Christ, la loi *Duilia Mœnia* vint renouveler les prescriptions, tombées en désuétude, des XII Tables sur le *fœnus*. Cette loi ne fut pas mieux observée que les précédentes. Celles qui vinrent après — et elles furent nombreuses — n'eurent pas plus de succès. Jusqu'au bout l'usure rongea la société romaine, elle fut cause de troubles graves et de révoltes nombreuses de la part de la populace ; troubles et révoltes qui allèrent parfois jusqu'à suspendre la vie publique et à ensanglanter les rues de la capitale du monde.

Après la conquête de la Grèce et de l'Asie-Mineure, les Romains adoptèrent le système des Grecs du 1 0/0, par mois. La *centesima usura*, comme on l'appela, devint de pratique courante. Malgré cela, on prêta encore souvent à 20, 30 et même 40 0/0 ; ce qui amena de nouveaux soulèvements politiques et de nouvelles crises économiques.

Comme la loi grecque, la loi romaine était très dure pour les emprunteurs malheureux et insolvables. Elle permettait de les saisir non seulement dans leurs biens, mais encore dans leurs personnes en les réduisant en servitude et l'on a même discuté si les XII Tables ne permettaient pas la mise à mort du débiteur incapable de se libérer et le partage effectif de ses membres entre ses créanciers (1).

§ II. Le prêt a intérêt depuis l'apparition du christianisme.

I. *Le prêt à intérêt depuis les origines du christianisme jusqu'au moyen âge.* — A l'apparition du christianisme, l'usure, nous venons de le voir, sévissait d'une façon monstrueuse dans le monde romain comme dans le monde grec. Les lois avaient été impuissantes à en comprimer les excès. C'était partout l'exploitation la plus éhontée du pauvre par le riche, et grâce à cette indigne exploitation la fortune publique passait tout entière entre les mains de quelques privilégiés sans entrailles, comme sans conscience.

Durant les trois premiers siècles, l'action sociale de l'Eglise ne put guère se manifester au dehors. Obligée de se cacher, elle n'exerça d'influence directe que sur ses enfants auxquels elle enseigna le détachement des biens terrestres, l'amour du prochain, la pitié pour les malheureux, la pratique des œuvres de miséricorde, la crainte de toute injustice et de toute exaction. S'inspirant des admirables conseils de charité donnés par son divin Fondateur elle ne cessa de répéter avec lui :

(1) Pendant longtemps, à Rome, le *mutuum* fut un pacte sans valeur juridique ; c'était un bon office, un de ces services qu'on se rend entre amis. Il était toujours gratuit.

« Faites du bien et prêtez sans en attendre aucun avantage ici-bas ; et votre récompense sera abondante devant Dieu dont vous serez les fils : *benefacite et mutuum date, nihil inde sperantes : et erit merces vestra multa et eritis filii Altissimi : quia ipse benignus est super ingratos et malos* (1). »

On doit cependant avouer que, ni dans les écrits des Apôtres, ni dans les œuvres qui nous sont parvenues des auteurs ecclésiastiques des premiers temps du christianisme, il n'est pas fait de mention directe de l'usure. On n'y trouve aucune prohibition formelle du prêt à intérêt. Il est probable que les chrétiens, tout en évitant les excès, en cette matière comme en bien d'autres se conformèrent, en Orient et en Occident, aux usages existants et usèrent, dans la mesure où ils les croyaient licites, des latitudes données par la législation de leur

(1) Saint Luc, vi, 35. Beaucoup de théologiens et de canonistes ont vu dans ces paroles devenues célèbres à force d'être citées : *mutuum date, nihil inde sperantes*, la défense formelle, portée par Notre-Seigneur, de jamais tirer aucun profit d'un prêt quelconque, principalement d'un prêt d'argent. Pour voir là une prohibition formelle de toute perception d'intérêt, il a fallu sérieusement violenter le texte, car la phrase de saint Luc, soit prise isolément, soit surtout éclairée par le contexte, est loin de dire ce qu'on lui fait signifier. Il n'y est question ni d'argent, ni d'autres objets prêtés à usure. Notre-Seigneur y recommande simplement de rendre service au prochain, de lui venir en aide en ses besoins, et en le faisant d'agir pour Dieu et non pour une récompense humaine. C'est là le sens qui ressort tout naturellement de l'ensemble du passage, lorsqu'on le lit sans parti pris. — Nous croyons que la note exacte a été donnée, il y a quatre siècles, par Dominique Soto lorsqu'il a écrit dans son traité *de Justitia et Jure*, lib. VI, q. I, art. 1 : « *Locus autem Evangelii Lucæ VI, mutuum date nihil inde sperantes, profecto non habet illam energiam quæ vulgo æstimatur. Quamobrem B. Thomas sacrorum censuum oculatissimus prospector, non modo non usus est illo loco ad asserendam conclusionem ; verum ex illo quartum argumentum contra eamdem objicit. Agnovit enim non esse prohibitionem usuræ, sed consilium mutuandi sine spe humanæ compensationis.* » — Il est à remarquer d'ailleurs que ni le concile de Nicée, ni les conciles suivants, ni le Ve concile de Latran, dans lesquels on s'occupa d'usure, ni même Benoit XIV dans sa fameuse encyclique *Vix pervenit*, n'ont invoqué ce texte de saint Luc pour établir l'illicéité de l'usure. S'ils lui avaient reconnu la valeur que certains lui ont attribuée, ils n'eussent point manqué de s'appuyer sur lui. C'est, croit-on, Urbain III, élu pape en 1185, qui le premier dans sa réponse à un prêtre de Brescia, donna la phrase : *mutuum date, nihil inde sperantes*, comme se rapportant à l'usure et la prohibant rigoureusement sous toutes ses formes.

pays. Qu'ils prêtassent à intérêt, le fait n'est pas douteux ; nous le trouvons relaté dans saint Basile (1), dans saint Jean Chrysostome (2), dans saint Jérôme (3), dans saint Grégoire de Nysse (4), dans Sidoine Apollinaire (5), dans Grégoire de Tours (6), et dans un grand nombre d'autres écrivains.

Même lorsque l'empire fut devenu chrétien, la législation ne fut pas modifiée sensiblement. Les empereurs se bornèrent à réglementer le taux de l'intérêt et à chercher d'empêcher les abus anciens de se perpétuer. *Constantin*, en 325, un mois avant l'ouverture du concile de Nicée, avait promulgué la loi suivante : « Ceux qui auront prêté à des pauvres des fruits frais ou secs auront droit au tiers en plus. Par exemple, quelqu'un a prêté deux boisseaux, on lui en rendra trois. Telle est la loi relative aux fruits. Quand il s'agit de numéraire prêté, le prêteur ne pourra pas recevoir plus d'un centième d'intérêt par mois, soit douze pour cent par an. » — *Théodose II* renouvela les prescriptions de Constantin sur l'usure, dans son Code, mis en vigueur à Rome et à Constantinople en 439. — *Justinien,* qui régna en Orient de 527 à 565, dans son Digeste et dans son Code, a reproduit des décisions et des lois toutes favorables au prêt à intérêt ; dans ses Novelles, il en a formulé lui-même qui sont absolument conformes à celles qui jusqu'alors régissaient la matière. — *Alaric*, roi des Visigoths de la Gaule narbonnaise, publia

(1) Cf. *Lettres* CVII, CVIII, CIX, concernant Julitte, dame d'une haute naissance et parente du saint.

(2) *Homélies* XV et LXVI sur saint Matthieu.

(3) *Commentaire* sur le XVIIIe chapitre d'Ezéchiel.

(4) *Discours contre les usuriers.*

(5) *Epître* XXIV. Maxime, d'abord officier du Palais, ensuite promu à l'archevêché de Toulouse à cause de sa haute sainteté, avait, étant encore laïc, prêté une somme d'argent à intérêt. Sidoine Apollinaire fut prié par le débiteur d'intercéder pour lui et d'obtenir remise des intérêts, ce qui fut accordé.

(6) *Histoire des Francs*, liv. III ; n° 34. Il y est raconté que Didier, évêque de Verdun, sollicita, à la demande de son peuple qui avait besoin d'argent, un prêt du roi Théodobert, et promit de rendre à une époque fixée le capital augmenté d'un intérêt raisonnable.

en 506 le Code qui tantôt porte son nom et tantôt s'appelle Code anien, du nom de son secrétaire. Ce code fait pour ses sujets d'origine romaine, chrétiens pour la plupart, n'était qu'une compilation reproduisant presque littéralement le texte théodosien. — *Egica,* roi des Visigoths d'Espagne, donna, en 693, à son peuple un nouveau code où il est dit : « Si quelqu'un prête de l'argent à intérêt, qu'il ne prenne pas plus de trois *siliquas* pour un *solidum,* par an. Si quelqu'un prête des fruits solides ou liquides, comme vin, huile ou toute espèce de grains, qu'il ne prenne pas un intérêt supérieur au tiers des mesures qu'il a prêtées. » — Le prêt à intérêt existait pareillement dans les Gaules, en Germanie et dans tous les pays d'Occident où s'implanta l'Eglise, et presque partout il donnait naissance aux mêmes abus.

Devant la cupidité des prêteurs, l'élévation exagérée des taux d'intérêt, les saisies impitoyables dont étaient victimes tant de débiteurs pressurés et spoliés, l'Eglise ne pouvait rester indifférente. Elle se fixa à elle-même la noble et difficile tâche de combattre le mal invétéré de l'usure et de mettre un terme aux ravages qu'il exerçait. Dès qu'elle en eut la possibilité elle éleva la voix pour prendre la défense des pauvres. Sa pensée et sa réprobation elle les exprima par les déclarations de ses *conciles* et les véhémentes protestations de ses *docteurs.*

Elle commença par défendre la pratique de l'usure aux clercs, sous les graves peines de dégradation, de déposition et d'excommunication. Le 44e des canons apostoliques ; le 20e du concile d'Elvire, en 305 ; le 12e du concile d'Arles, en 314 ; le 17e du concile de Nicée (1), en 325 ; le 3e du premier concile de Carthage, en 348 ;

(1) « Quoniam multi sub regula constituti, avaritiam et turpia lucra sectantes, oblitique divinæ scripturæ dicentis : *qui pecuniam suam non dedit ad usuram,* mutuum dantes *centesimas* exigunt : juxti censuit sancta et magna Synodus, ut si quis inventus fuerit post hanc definitionem usuras accipiens, et ex adinventione aliqua vel quolibet modo negotium transigens aut hemiolia, id est sexcupla exigens, vel aliud tale prorsus exigens, turpis lucri gratia deficiatur a clero et alienus existat a regula. » Voilà comment est formulé le 17e canon de Nicée.

le 5e du concile de Laodicée, en 366 ; le 24e du concile d'Hippone, en 393 ; le 16e du troisième concile de Carthage, en 397 ; le 67e du quatrième concile de Carthage, en 398, sont autant de monuments de la vive sollicitude de l'Eglise et autant de preuves de son ardent désir de porter remède à un mal qui faisait tant de victimes et donnait lieu à tant d'injustices.

Dans aucun de ces conciles pourtant, quoique dans tous apparaisse la réprobation de l'Eglise pour les coupables pratiques usuraires, on ne trouve une condamnation formelle du prêt à intérêt. On en interdit absolument la pratique aux clercs, comme on leur interdit la pratique du négoce, mais soit parce qu'on juge que le mal est trop profond et que la prudence demande qu'on procède avec lenteur, soit parce qu'on ne croit pas une prohibition absolue juste et nécessaire, on ne parle pas des laïques. Ils continuèrent à prêter à intérêt, mais ceux qui étaient chrétiens ne pouvaient se faire d'illusion sur la pensée de l'Eglise et ignorer qu'il y avait des taux qu'on ne dépassait pas sans se rendre coupable de spoliation et de vol. — En 506, les évêques du royaume d'Alaric approuvent le Code anien, qu'il vient de publier et où le prêt était permis. Ils renouvellent leur approbation au concile d'Agde en 509. Au XVIIe Concile de Tolède en 693, les évêques d'Espagne approuvent pareillement le Code d'Egica qui reproduisait toute la doctrine du droit romain sur l'usure. Il y a là une preuve que tout intérêt n'était pas regardé comme illégitime.

Le langage des Pères est beaucoup plus sévère et beaucoup plus absolu. Ils ont sous les yeux les tristes effets de l'usure, leur grande âme s'en émeut et ils ne peuvent contenir leur indignation en présence de si criant excès. Ils flétrissent, en des termes d'une apostolique véhémence, une institution qui a donné lieu à de si révoltantes iniquités. N'espérant guère de la voir jamais améliorer, ils la considèrent presque comme essentiellement mauvaise et confondent dans une égale réprobation l'usage et l'abus, les usuriers laïques et les usuriers ecclésiastiques. Ils ne voient d'autre remède au mal que la suppression totale de la cause qui l'a produit, et par conséquent que l'interdiction absolue de l'intérêt dans les prêts d'argent et des choses fongibles. On ne peut guérir une plaie si profonde qu'en recourant à des moyens radicaux.

On aurait tort de trop prendre à la lettre les termes dont les Pères se sont servis. Les peintures qu'ils nous ont laissées, les mesures qu'ils ont réclamées se ressentent de l'indignation et de la pitié dont leur cœur débordait. En beaucoup d'endroits ils se sont exprimés en orateurs émus au moins autant qu'en théologiens rigoureux. Ils se sont préoccupés surtout de donner à leur pensée une forme qui impressionnât profondément une société qui se mourait du mal d'usure. Ce sont les Pères du IVe et du Ve siècle qui ont le plus vigoureusement mené cette campagne. Parmi eux méritent une mention spéciale saint Grégoire de Nazianze, saint Jean Chrysostome et surtout saint Basile, chez les Grecs ; saint Ambroise, saint Augustin, saint Jérôme et saint Léon, chez les latins (1).

Il est important de remarquer que ces saints docteurs parlent exclusivement *de prêts faits aux pauvres*. Dans les spectacles qu'ils décrivent il n'est question que des débiteurs qui ont emprunté pour vivre et dont le sort devient plus misérable encore par suite des gros intérêts qu'on exige d'eux, et qui achèvent de les ruiner. Dans les écrits des Pères il n'est fait aucune mention du prêt de *production* et pourtant plusieurs de ces Pères vivaient dans des villes où florissait le commerce et où par conséquent tous les prêts n'étaient pas des prêts de *consommation*.

Malgré les véhémentes flétrissures tombées des lèvres de ceux qui représentaient la pensée chrétienne et étaient les porte-parole de l'Eglise, le prêt à intérêt se maintint, durant les dix premiers siècles, en Occident

(1) On peut lire les principaux passages des Pères, se rapportant à l'usure, au commencement du 2e volume des *Dissertations* du cardinal de la Luzerne *sur le prêt de commerce*.

comme en Orient (1). La vigoureuse et persévérante campagne menée contre lui ne fut pourtant pas sans résultats. Elle jeta un profond discrédit sur l'usure, elle habitua à la considérer comme criminelle et prépara, pour l'âge suivant, sa disparition du sein de la société chrétienne. Cette disparition fut consommée, au moins légalement, le jour où l'Eglise eut assez solidement établi son pouvoir, pour imposer ses décisions au monde civil, comme au monde religieux.

II. *Le prêt à intérêt au moyen âge.* — Dès le IXe siècle on voit, en Occident, quelques Conciles faire aux laïques eux-mêmes la défense de se livrer à l'usure. Jusque-là il n'avait été porté de peines que contre les clercs qui s'y adonnaient. A partir de cette époque on les étend insensiblement à tout le monde et on ne fait plus de distinction entre les diverses catégories de prêteurs à bénéfice.

Le concile de Paris de 829 donna, l'un des premiers, l'exemple, et on lit dans une capitulaire de l'empereur Lothaire, de 840 : « *Prohibemus et nemo usuram facere præsumat post episcopi sui constitutionem.* » En 845, le concile de Meaux renouvelle les prohibitions de celui de Paris et fait un devoir aux évêques de veiller à ce que l'usure soit absolument bannie de leur diocèse. Cette discipline se généralise assez vite. Sans spécifier encore d'une manière très nette ce qu'il faut entendre par usure les conciles multiplient les condamnations contre elle et l'on arrive, lentement mais progressivement, à une interdiction absolue du prêt à intérêt. Peu à peu la doctrine se précise, les formules deviennent plus explicites, et il est bien peu d'études aussi curieuses et aussi intéressantes que celle de cette évolution qui aboutit aux affirmations si catégoriques que nous trouvons dans les décrets des conciles,

(1) Les *Legitimæ usuræ* demeurèrent autorisées en France sous les mérovingiens. Les lois romaines concernant l'usure ne furent abrogées que sous Charlemagne par les Capitulaires d'Aix-la-Chapelle de 789 et de 813.

les actes des papes, les compilations des canonistes et les écrits des théologiens du moyen âge.

Les deuxième et troisième conciles œcuméniques de Latran tenus en 1139 et 1179 flétrissent « l'insatiable rapacité des usuriers », et non seulement ils excluent ceux-ci de toute charge ecclésiastique, mais encore ils vont jusqu'à défendre de les admettre aux sacrements et de leur donner la sépulture chrétienne (1). Ce n'est pas encore là une condamnation formelle de tout prêt à intérêt ; on peut dire qu'il n'est question que des abus et que les intérêts modérés ne sont pas directement visés. Il n'est pourtant pas possible de ne pas y voir un acheminement vers l'interdiction totale.

A cette interdiction totale on arrive au commencement du XIIIe siècle ; mais en même temps qu'on étend la prohibition de l'usure on restreint la signification de ce mot. Dans le langage de l'Ecole il ne désigne plus, comme dans le langage des Pères, tout intérêt perçu dans un prêt, *quidquid sorti accidit*, il désigne seulement tout intérêt perçu dans un prêt de choses fongibles, c'est-à-dire dans le *mutuum* ; et encore on ajoutera bientôt que pour qu'il y ait vraiment usure il ne suffit pas que l'intérêt soit perçu *in mutuo*, mais qu'il faut qu'il soit perçu en raison uniquement du prêt, *vi mutui*, et non en vertu d'un titre extrinsèque. A partir de ce moment le sens du mot usure est bien déterminé et il sera impossible quand les conciles, les papes et les théologiens condamneront l'usure, de discuter la valeur des termes et de contester la portée de la défense.

Les Cathares, hérétiques du XIIIe siècle, pratiquaient

(1) « Porro detestabilem et probrosam divinis et humanis legibus per Scripturam in veteri et in novo Testamento abdicatam, *illam iniquam et insatiabilem fœneratorum rapacitatem* damnamus, et ab omni ecclesiastica consolatione sequestramus : præcipientes, ut nullus archiepiscopus, nullus Episcopus, vel cujuslibet Abbas, nisi cum summa cautela, usurarios recipere presumat, sed in tota vita infames habeantur : et, nisi resipuerint christiana sepultura privantur. » (II. Conc. Later., c. XIII.)

« Constituimus, ut usurarii manifesti nec ad communionem admittantur altaris, nec christianam, si in hoc peccato decesserint, accipiant sepulturam. » (III Conc. Later., c. XXV.)

l'usure et soutenaient qu'elle était parfaitement légitime, le Concile de Vienne-en-Dauphiné, tenu en 1311, réprouva leur doctrine et, au nom des évêques qui le composaient, le pape Clément V promulgua la condamnation suivante : « *Si quis in illum errorem inciderit, ut pertinaciter adfirmare præsumat, exercere usuras non esse peccatum : decernimus eum velut hæreticum puniendum, locorum vero ordinariis et hæreticæ pravitatis inquisitoribus districtius injungentes ut contra eos quos de errore hujusmodi diffamatos invenerint aut suspectos, tanquam contra diffamatos, vel suspectos de hæresi procedere non omittant.* » Cette condamnation si catégorique et si sévère fait époque dans l'histoire de l'usure ; aucun acte aussi important n'avait encore paru et dès lors tombent toutes les controverses sur la question de fond.

Du temps de saint Thomas (1225-1274) on s'entendait déjà pour dire que l'usure était défendue, mais on n'était pas d'accord quand il fallait décider si elle était ou non défendue par la vertu de *justice* et partant si elle entraînait l'obligation de restituer les intérêts perçus (1). Après le concile de Vienne la discussion cesse

(1) Saint Thomas qui rapporte cette controverse prend très nettement parti contre ceux qui ne voient pas dans l'usure une injustice proprement dite. Il expose sa pensée sur le prêt à intérêt dans sa *Somme théologique* (2a IIæ ; q. LXXVIII, art. 1, 2, 3, 4.) ; il la traite, cette question, avec sa clarté habituelle et son ordinaire maîtrise. Sur ce point, comme à peu près sur tous les autres, il résume la science théologique du moyen âge. A la question : *Est-ce un péché de prendre un intérêt pour de l'argent prêté ?* il répond : « Recevoir un intérêt pour de l'argent prêté est injuste de sa nature, parce qu'alors on vend ce qui n'existe pas, d'où il résulte manifestement une inégalité dans le contrat qui est opposée à la justice. Pour rendre cette proposition plus évidente, il faut remarquer qu'il y a des choses dont l'usage est la même chose que la consomption et destruction, comme le pain et le vin. D'où il arrive que dans ces cas on ne peut pas estimer l'usage de la chose à part de la chose elle-même, mais quand on abandonne l'usage on cède la chose en même temps et c'est ainsi qu'en prêtant ces choses on en passe le domaine à l'emprunteur. Si quelqu'un voulait vendre d'une part le vin et de l'autre l'usage du vin, il vendrait la même chose deux fois et vendrait une fois ce qui n'existe pas. D'où il pécherait manifestement contre la justice. Et par cette raison celui-là commet une injustice qui prête du froment et du vin, stipulant qu'on lui en donnera deux compensations, la première en restituant la quantité égale de la chose prêtée et la seconde en donnant le prix de l'usage d'où vient le mot usure. »

et la thèse de la nécessité de la restitution est universellement enseignée, tant par les jurisconsultes que par les théologiens qui l'ont d'ailleurs trouvée dans le fameux Décret de Gratien. On va même plus loin ; on voit une usure jusque dans le fait de faire payer un peu plus cher une marchandise à quelqu'un, qui ne la soldera que dans un certain temps, qu'à quelqu'un qui la soldera immédiatement, et en conséquence on défend de faire la vente à terme à un prix plus élevé que la vente au comptant (1).

Sous l'influence de l'Eglise les lois civiles s'étaient modifiées de leur côté ; on avait peu à peu abandonné le droit romain avec ses tolérances en matière d'usure et l'on était arrivé, dans la plupart des Etats chrétiens d'Occident, à proscrire, comme illégitime, la perception d'un intérêt quelconque dans le *mutuum*. Malheureusement, cette législation ne put être jamais rigoureusement appliquée. On ne supprime pas le prêt dans une société et l'on ne saurait espérer que ceux qui possédent mettront gratuitement les sommes dont ils disposent au service des besogneux.

Les chrétiens ne pouvant plus prêter à intérêt, les *Juifs* se chargèrent... de ce péché et de ses profits.

« Il y a aussi des choses dont l'usage se distingue de leur existence, par exemple l usage qu'on fait d'une maison en l'habitant n'entraine pas la destruction de cette maison. Dans ce cas-là on peut céder séparément la propriété et l'usage de ces choses ; ainsi on peut vendre la propriété de sa maison à un autre et se réserver pour soi l'usage pendant un certain temps. Par suite un homme peut licitement recevoir un prix pour l'usage de sa maison et néanmoins se réserver le droit de rentrer dans sa propriété telle qu'elle était au moment de la location, comme il arrive dans les baux à loyer. » — « Mais suivant Aristote, l'argent-monnaie a été inventé pour les échanges et ainsi le principal usage de la monnaie est de servir et de disparaître dans les échanges. Et voilà comment il est de sa nature illicite de recevoir un prix de l'argent prêté, ce que l'on appelle usure et comme l'homme est tenu de restituer le bien injustement acquis, il est tenu à la restitution des intérêts. » (Q. LXXVIII, art. 1.)

(1) Les textes du droit canon médiéval se rapportant à l'usure se trouvent : au *Décret* de Gratien (XIIe siècle), pers. I, causa 14 ; aux *Décrétales* de Grégoire IX (1231), liv. V, tit. 19. Ce titre 19 contient dix-neuf décrets promulgués par quatre papes différents ; il y en a neuf d'Alexandre III, un d'Urbain III, huit d'Innocent III, un de Grégoire IX ; dans la *Clémentine* unique, § ult. où est reproduit le décret du concile de Vienne de 1311.

Avec les *Lombards* et les *Cahorsins* — vraie lie du peuple catholique — ils deviennent les banquiers de l'Europe (1) et prêtent à des taux qui laissent loin derrière eux même les taux exorbitants de l'antiquité païenne. Ils prêtent aux rois, aux républiques, aux nobles, aux bourgeois, aux manants et même au clergé. Les théologiens et les prédicateurs empêchent, par leurs anathèmes, quelques chrétiens d'être des voleurs ; mais ils n'empêchent pas — ce qui était pourtant leur but — les malheureux d'être volés. Ils le furent plus que jamais, car il se trouvèrent livrés à la rapacité des fils d'Israël. Ceux-ci pratiquèrent l'usure avec d'autant plus de cynisme qu'ils n'eurent aucune concurrence à redouter et qu'ils ne furent jamais gênés par les scrupules de conscience (2). Les enfants succédaient aux pères, des traditions se formaient dans les familles israélites et l'on y était d'une suprême maîtrise pour s'emparer des biens des chrétiens. Les usuriers ne se contentaient pas de voler leurs victimes, ils les corrompaient en favorisant parmi elles le luxe, le faste, l'amour de la dépense. Ils portèrent leurs excès si loin qu'ils devinrent l'objet du mépris et de l'abomination de tous. « La haine contre les Juifs est si générale en Allemagne, écrivait Pierre de Froissard en 1497, que les

(1) Les banquiers étaient nombreux, surtout en Italie, dès le XIIIe siècle. On en comptait 80 à Florence, Venise en avait plus de 100. Palerme à la fin du XIVe siècle en avait un si grand nombre qu'ils remplissaient une rue. A côté de ces banquiers faisant le change et opérant surtout dans les grandes villes commerciales, il y avait des usuriers dans tous les centres un peu populeux. Ils prêtaient à l'année, au mois et même à la semaine. Le prêt *sur gage* était très en honneur parmi eux. Ils en usaient et surtout en abusaient. Sur le gage qu'ils exigeaient ils ne prêtaient guère qu'un quart de sa valeur, quand venait le moment du remboursement s'ils n'étaient pas payés ils s'appropriaient le gage qui leur revenait ainsi à un prix dérisoire.

(2) « Les Juifs pillent et écorchent le pauvre monde, dit l'échanson Erasme d'Erbach (1487), la chose devient vraiment intolérable, que Dieu ait pitié de nous. Les Juifs usuriers s'installent maintenant à poste fixe dans les plus petits villages ; quand ils prêtent cinq florins, ils prennent des gages qui représentent six fois la valeur de l'argent prêté ; puis ils réclament les intérêts des intérêts et de ceux-ci encore des intérêts nouveaux de sorte que le pauvre homme se voit, à la fin, dépouillé de tout ce qu'il possédait. »

gens les plus calmes sont hors d'eux-mêmes dès que la conversation vient à rouler sur l'usure. Je ne serais pas étonné si, tout d'un coup, une persécution sanglante éclatait contre eux dans tous les pays à la fois. Ils ont été déjà expulsés de bien des villes (1). »

Les princes étaient impuissants à étouffer le mal. Pour éviter, prétendaient-ils, de plus graves inconvénients, ils le tolérèrent souvent et maintes fois ils allèrent jusqu'à s'en rendre les complices en accordant, moyennant espèces sonnantes et trébuchantes, à des particuliers sans conscience le monopole du prêt dans leurs Etats, et par conséquent le droit de pressurer, en quelque sorte légalement, leurs sujets. Les meilleurs ou les plus énergiques bornèrent leurs efforts à essayer de renfermer l'usure dans des limites plus raisonnables ou à bannir les Juifs et les Lombards de leurs terres.

(1) Ce que la loi permettait aux Juifs donnera la mesure de ce qu'ils pouvaient se permettre en matière d'usure. En France, Philippe-Auguste, par une ordonnance de février 1218, autorise l'intérêt de 2 deniers par semaine, c'est-à-dire plus de 43 0/0 ; Louis X, en 1315, permet aux Juifs moyennant 122.500 livres qu'ils verseront dans ses coffres, de prendre un sou d'intérêt par semaine et par livre ; le roi Jean, en 1360, tolère un maximum d'intérêt de 86 2/3 0/0. Sous Philippe le Bel (1285-1314) tout intérêt qui ne dépassait pas 20 0/0 était considéré comme modéré. — En Autriche en 1224, le taux d'intérêt monta jusqu'à 171 0/0. — En Bavière l'empereur Louis donna en 1338 aux Juifs l'autorisation de mettre l'intérêt sur le pied de 43 1/2 0/0 et déclara que personne « ne pourra les contraindre à faire des marchés plus avantageux ». — A Mayence, le conseil de la ville ayant fait à quatre Juifs un emprunt gratuit de 1.000 florins les autorisa à prendre aux particuliers 52 0/0 d'intérêt. A Ratisbonne, à Augsbourg et ailleurs l'intérêt légal monta assez souvent jusqu'à 86 2/3 0/0. — Ce n'était évidemment pas là les taux habituels. Ce que l'on appelait le *taux du roi*, taux mentionné dans la bulle de Martin V de 1423 et dans plusieurs de nos anciennes coutumes était du « denier 10 » ce qui faisait 10 0/0. Ce taux était comme le taux courant auquel on constituait les *rentes* et permet de se faire une idée de ce que pouvait être le taux de l'intérêt dans les temps ordinaires. Les intérêts les plus vexatoires étaient ceux que les Juifs exigeaient pour des prêts minimes, contractés à de plus courtes échéances, prêts auxquels le petit bourgeois et le paysan étaient si souvent forcés de recourir aux jours de détresse. Tant d'injustes actions soulevèrent maintes fois les populations et les portèrent à de terribles représailles ; il y eut des massacres de Juifs, on incendia leurs maisons, on se livra sur leur personne et leurs biens à des violences qu'à diverses reprises les Souverains Pontifes condamnèrent énergiquement. On les expulsa de France sous plusieurs rois, entr'autres sous saint Louis. Les écrivains du temps demandaient qu'on les envoyât au delà du Caucase..

Le but poursuivi par l'Eglise ne fut donc pas atteint ; en présence des abus qui continuaient à se produire, et qui tous, il faut bien le reconnaître, n'étaient pas le fait des Juifs, les théologiens sentirent qu'ils devaient apporter des tempéraments à l'absolutisme de leur doctrine et dès le XIIIe siècle — ce siècle où s'est définitivement constituée la théorie scolastique de l'usure, — on voit apparaître la distinction entre *intérêts lucratoires,* auxquels on réserve le nom d'*usure*, et les *intérêts compensatoires*, auxquels on donnera le nom tout nouveau d'*interesse* ou intérêts.

Les intérêts lucratoires sont ceux que l'on perçoit dans le *mutuum* comme rémunération du service rendu en prêtant, c'est-à-dire *vi mutui* ou *ex ipso mutuo*, ils continuent à être rigoureusement prohibés. — Les intérêts compensatoires sont ceux que l'on perçoit dans le *mutuum*, non pas comme récompense du prêt, mais comme *indemnité* du dommage que l'on subit ou du péril de perte auquel on s'expose en prêtant. Tandis que les intérêts lucratoires sont basés sur le prêt lui-même, les intérêts compensatoires reposent sur des circonstances, sur des considérations extrinsèques au prêt, sur des titres qui ne sont qu'accidentellement liés au prêt. Après bien des discussions, des luttes d'école et des hésitations, on arriva à considérer, à peu près universellement, comme légitimes les *intérêts compensatoires* toutes les fois qu'ils reposaient sur un titre extrinsèque vraiment sérieux.

On a admis successivement quatre titres extrinsèques : — le *damnum emergens,* c'est-à-dire le préjudice qui dans certains cas peut résulter pour le prêteur de ce qu'au lieu d'employer son argent à quelque chose d'utile pour lui, il le met à la disposition d'un emprunteur ; — le *lucrum cessans,* c'est-à-dire l'impossibilité où l'on se trouve par suite du prêt de continuer à réaliser un bénéfice que par commerce, agriculture, ou toute autre manière honnête on tirait de ce qu'on a prêté ; — le *periculum sortis*, c'est-à-dire le risque plus ou moins grand de perdre une partie ou même la totalité de ce qu'on a prêté ; — le *titulus legis*, c'est-à-dire l'autorisation donnée par le prince, en vertu de son haut domaine, de percevoir un intérêt.

Du temps de Raymond de Pennafort (+ 1238), comme il est facile de s'en convaincre en lisant sa *Somme pastorale*, on n'admettait pas encore les titres extrinsèques. Saint Thomas d'Aquin (+ 1274), venu quelques années plus tard, reconnaît dans sa *Somme théologique* qu'il est légitime de faire supporter à l'emprunteur les dommages que l'on subit par suite du service qu'on lui rend, et partant qu'il est légitime d'exiger de lui, dans certains cas, plus qu'on ne lui a remis (1). C'est le *damnum emergens* qui, sous l'illustre patronage de l'Ange de l'Ecole, fait son entrée dans la théologie. Les autres *titres* feront la leur à sa suite, car, si on excepte le *titulus legis*, ces autres titres ne sont qu'un prolongement du *damnum emergens*.

Saint Thomas pose la question du *lucrum cessans* et, contrairement à ce que l'on serait en droit d'attendre après les déclarations qui précèdent, il refuse d'y voir un titre légitime d'intérêt (2) ; ses contemporains l'imitèrent généralement et ce ne fut qu'à la fin du XIVe siècle que le jurisconsulte Paul de Castro fit définitivement admettre la valeur de ce titre et consacrer le *periculum sortis* déjà accepté par beaucoup. On discuta dès lors seulement pour savoir si on a le droit de fixer, au moment même où l'on prête, le chiffre de l'intérêt qui sera dû pour le *lucrum cessans* et le *periculum sortis*, ou s'il faut attendre à plus tard, quand il aura été possible de se rendre compte de l'importance du risque couru et de l'étendue du lucre non réalisé. D'abord on

(1) Ille qui mutuum dat, potest absque peccato in pactum deducere cum eo, qui mutuum accipit, *recompensationem damni*, per quod subtrahitur sibi aliquid, quod debet habere ; hoc enim non est vendere usum pecuniæ, sed damnum vitare... unde accipiens mutuum cum sua utilitate damnum alterius recompensat. » (*Sum. théol.* 2a IIæ, q. LXXVIII ; art. 2, ad 1.)

(2) « Recompensationem vero damni, quod consideratur in hoc quod de pecunia non lucratur, non potest qui mutuum dat in pactum deducere ; quia non debet vendere, id quod nondum habet; et potest multipliciter impediri ab habendo ». (*Ibid.*)

soutint l'opinion qui veut qu'on attende ; l'autre prévalut ensuite. — Le *titulus legis* ne vint que plus tard et fut toujours considéré comme insuffisant par un très grand nombre de théologiens et de canonistes. — Aux divers titres qui viennent d'être indiqués on ajouta le *mora* ou retard ; à cause de la privation qu'il éprouvait si l'argent ne lui était pas rendu à l'époque fixée, le prêteur avait le droit d'exiger une indemnité.

Les facilités nouvelles données par l'admission des titres extrinsèques ne suffirent pas ; on essaya d'éluder ce que gardait de rigoureux la loi du prêt en recourant, pour faire fructifier son argent, à des contrats qui étaient autres en apparence que le *mutuum*, mais qui en réalité ne servaient qu'à le dissimuler. On employa successivement ou simultanément l'*antichrèse*, le *contrat pignoratif*, le *mohatra*, la *rente rachetable des deux côtés* et surtout le *triple contrat* (1). Grâce à tous

(1) 1° L'*antichrèse* est un contrat par lequel un prêteur reçoit une chose fructigère en gage pour en user et pour en jouir à la place de l'argent prêté, jusqu'à ce que cet argent soit rendu. Je prête, par exemple 500 francs, en retour on me livre comme gage un cheval dont j'aurai le droit de me servir jusqu'au jour où je serai remboursé.

2° Le *contrat pignoratif* se rapproche par plusieurs côtés de l'antichrèse ; c'est un contrat par lequel le propriétaire d'un immeuble voulant se procurer de l'argent vend en apparence cet immeuble, avec facilité de réméré au bout d'un certain temps, à un prêteur qui verse une certaine somme. Le propriétaire de l'immeuble continue à jouir de cet immeuble moyennant un loyer ou fermage qu'il paie au pseudo-acquéreur et qui représente l'intérêt de la somme prêtée.

3° Le *Mohatra* est une convention par laquelle le prêteur vend une chose à la personne qui veut emprunter, moyennant un prix payable à terme, puis la lui rachète moyennant un prix inférieur qu'il paie comptant. La somme prêtée est le prix de cette seconde vente, l'intérêt est la différence entre ce prix et celui de la vente primitive.

4° La *rente rachetable des deux côtés*. Le contrat de rente ordinaire consiste en ce que quelqu'un cède la propriété d'un objet mobilier ou immobilier à un autre qui, en retour, lui paiera annuellement une redevance qui s'appelle rente. Que la rente soit perpétuelle ou temporaire, la propriété demeure définitivement acquise à celui à qui l'objet a été cédé. — Dans la rente rachetable des deux côtés on stipule que les deux contractants, au bout d'un temps déterminé, pourront l'un reprendre son bien en renonçant à la rente, et l'autre se libérer de la rente en rendant ce qu'il avait reçu.

5° Le *triple contrat*, le *trinus contractus* des théologiens, autour duquel pendant plusieurs siècles, il s'est fait tant de bruit, fut inventé par les subtils et astucieux orientaux à l'époque où les canons défendirent l'usure aux clercs. D'Orient, il passa en Occident vers la fin

ces moyens plus ingénieux qu'honnêtes de se mettre à l'abri des pénalités de l'Eglise, l'usure se donna encore plus libre cours et si nous voulons nous faire une idée des proportions qu'elle avait atteintes à la fin du moyen âge, nous n'avons qu'à relire cette page d'un discours prononcé par le Bienheureux Bernardin de Sienne à Brescia : « L'usure est un mal contagieux. Ce qui se passe de nos jours le prouve bien, personne ne rougit de ce mal, personne ne le craint ; personne même parmi les chrétiens, ne semble en connaître la gravité... Autrefois à peine trouvait-on dans une grande ville un

du XIVe siècle. Il y fut l'objet d'interminables discussions et de justes réprobations. C'est faussement qu'on en a attribué la paternité aux Jésuites. Avant d'indiquer en quoi il consiste exactement, il n'est peut-être pas inutile de faire remarquer que l'Eglise a toujours approuvé le *contrat de société*, qu'elle l'a même toujours recommandé et que l'on pourrait dire qu'elle le regarde comme le lien, en quelque sorte naturel, qui doit unir le capital et le travail. Dans le contrat de société on met en commun ses ressources pour partager ensuite pertes et profits. — Le *triple contrat* se compose d'un contrat de société, d'un contrat d'assurance de l'intérêt et d'un autre contrat d'assurance du capital. Voici comment on procédait : Le contrat de société étant permis, celui qui avait de l'argent à prêter était censé s'associer pour une entreprise avec un négociant ayant besoin d'argent ; pertes et bénéfices devaient être partagés (1er contrat). Mais comme le prêteur ne voulait pas courir le risque de perdre ni intérêts, ni capital, il était censé se tourner vers son emprunteur et lui dire : L'entreprise à laquelle je me suis associé rapportera peut-être 20 0/0 ; moi je ne vous demande que 10 0/0, seulement vous me garantirez ces 10 0/0, que l'affaire réussisse ou échoue (2e contrat). Bien plus, je ne veux pas exposer mon argent, je tiens à le récupérer totalement et sûrement. Il faut donc que vous me le garantissiez ; en retour, au lieu d'exiger le 10 0/0 je me contenterai de 8 0/0 ; (3e contrat). Tel est l'amalgame compliqué connu sous le nom de *trinus contractus*. Comme la *rente rachetable des deux côtés*, il se réduit à un contrat dissimulé de prêt à intérêt. — Ce contrat au début fut vivement combattu par tous ceux qui n'admettaient pas la licéité du prêt à intérêt. Il fut condamné par Sixte-Quint dans sa constitution *Detestabilis* en 1586. Présenté d'abord comme ingénieux et vicieux, le *triple contrat* fut donné ensuite par ses partisans comme fondé en raison et dangereux, plus tard il fut proposé comme carrément valable en conscience et à la fin il est passé dans la pratique d'un grand nombre de chrétiens.

6° Aux contrats précédents il faut ajouter la *commendite* appelée *commenda* et en quelques endroits *collegantia*. Elle consiste en ce que le bailleur de fonds se réserve un pourcentage des gains réalisés avec le capital qu'il prête et dont il reste propriétaire. Ce pourcentage est fixé à l'avance et n'est pas basé sur le chiffre effectif du gain. Ce contrat était usité en Italie dès le Xe siècle, il était considéré comme un moyen excellent de placer les biens des mineurs. En 1206, Innocent III le recommanda pour les douaires des veuves.

seul usurier. Quand on savait le métier qu'il exerçait ses biens étaient considérés comme des biens maudits. Si on montrait ses champs, ses vignes, sa maison, on ajoutait : voici le champ et la maison du diable. Nul n'aurait pris du feu chez lui ; nul, à l'église, n'aurait reçu de lui ou ne lui aurait donné le baiser de paix. Les enfants eux-mêmes fuyaient à son approche et se le montraient du doigt. Maintenant, ô douleur, de tels hommes sont honorés de tous. On se lève en leur présence, on les admet aux emplois, on leur fait suite dans les promenades publiques, ils font de nobles mariages, et, ce qui est plus exécrable, sans avoir restitué, ils sont enterrés dans les cimetières et même dans les églises avec plus de pompes que les autres, comme si maintenant le crime avait pris la place de l'honnêteté. »

III. *Le prêt à intérêt depuis la fin du moyen âge jusqu'à la Révolution française.* — La découverte de l'Amérique et des Indes Orientales est au XVe siècle le point de départ d'une transformation industrielle et d'une révolution commerciale. Des débouchés jusque-là inconnus sont ouverts, la production se modifie profondément dans ses moyens, elle se développe étonnamment et la vie manufacturière commence à prendre une intensité qu'elle n'avait pas connue, non seulement au moyen âge, mais même dans l'antiquité.

De grandes entreprises se fondent, ceux qui les lancent sont obligés d'emprunter de gros capitaux pour les soutenir et les étendre, et alors pour la première fois, on voit apparaître le vrai *prêt de production*. Sauf dans les quelques villes qui avaient monopolisé le commerce du monde, on ne connaissait guère encore que le *prêt de consommation*, prêt consenti généralement à des malheureux qui n'empruntaient que pour faire face à des besoins pressants et présents. A l'avenir on prêtera à des hommes ou à des compagnies presque toujours riches qui n'ont recours à l'emprunt que pour faire fructifier les capitaux prêtés et s'enrichir encore davantage.

La situation se trouve ainsi entièrement changée et une réaction se dessine vite contre les sévères doctrines des scolastiques sur le prêt à intérêt.

Les premiers coups directs qui leur sont portés, viennent des protestants. « Calvin, dit Benoît XIV dans son *Synode diocésain,* a enseigné à propos du XVIIIe chapitre d'Ézéchiel, qu'il est permis d'exiger, précisément à raison du prêt, *ratione mutui,* un profit modéré, non du pauvre, mais du riche. Charles Dumoulin le soutient *ex professo* dans son *Traité de l'usure* (n° 10), où il affirme hardiment que l'usure n'est défendue qu'en tant qu'elle blesse la charité. Il distingue ensuite (n° 85) les hommes en trois classes. La première contient les pauvres, qui ne vivent que de charité, et il dit qu'il faut les secourir, non en leur prêtant, mais en leur faisant l'aumône. Dans la seconde classe il place les indigents, qui ont besoin pour le moment, mais qui dans la suite pourront rendre ce qu'on leur a prêté ; et il assure qu'il faut prêter à ceux-là, mais gratuitement. Dans la troisième classe sont compris les riches et les marchands, qui n'ont besoin de rien, mais qui cherchent à augmenter leur fortune par le moyen du négoce. Quant à ceux-là, Dumoulin enseigne qu'on peut avec une entière justice leur faire payer une usure modérée, à raison du prêt qu'on leur a fait ; Claude Saumoise embrasse aussi cette mauvaise opinion, quoiqu'il la défende par une autre raison. Il prétend que l'usure, à moins qu'elle blesse la charité, est exempte de péché, parce qu'elle est, dit-il, le prix du louage de l'argent, *merces locatæ pecuniæ.* »

Benoît XIV continue : « Quelques docteurs catholiques n'ont pas craint de souscrire à l'opinion impie de Calvin et de Dumoulin. Ils distinguent, eux aussi, deux espèces de prêt, l'un par lequel on donne de l'argent, ou toute autre chose, pour être consumé ; ce qu'on pratique habituellement avec les indigents, qui empruntent de l'argent pour se nourrir eux et toute leur famille, pour payer leurs dettes, marier leurs filles, etc. L'autre espèce de prêt consiste à donner de l'argent pour être employé dans le négoce ; c'est ce qu'on observe à l'égard des marchands qui, par le moyen du commerce, font valoir l'argent qu'ils ont emprunté et en tirent un profit considérable. Dans le premier cas, ces mêmes auteurs avancent que tout ce qu'on exige au delà du sort principal, est une véritable usure ; mais ils excusent de tout péché d'usure le profit qu'on retire du prêt dans le second cas, pourvu que ce profit soit modéré et qu'on se renferme dans les bornes prescrites par les lois du pays. »

Un courant, en effet, s'était établi en faveur de la licéité d'un intérêt modéré dans le *prêt de commerce*. Les affirmations en ce sens, timides d'abord, étaient devenues plus catégoriques avec le temps, et peu à peu on avait vu se dessiner une divergence notable d'opinion entre casuistes et scolastiques, entre ceux qui étaient aux prises avec les difficultés quotidiennes de la vie pratique et ceux qui se tenaient dans les tranquilles régions des principes. Les casuistes, parmi lesquels une place spéciale doit être faite aux Jésuites et aux Franciscains, pensaient que, les circonstances ayant changé, on pouvait et on devait ne plus appliquer aussi rigoureusement des règles faites pour un état économique différent. Les scolastiques, au contraire, continuaient à faire preuve d'une irréductible intransigeance. Ils soutenaient que l'usure renferme une malice intrinsèque qui est indépendante de toute circonstance extérieure et qui empêchera de jamais permettre la perception d'une rétribution quelconque *vi mutui*. Ce furent d'interminables discussions, qui donnèrent naissance à une littérature plus remarquable par le nombre que par la variété de ses produits (1).

A mesure que le commerce et l'industrie se développèrent, pour faire face aux nécessités qu'ils imposèrent au monde moderne on chercha de plus en plus à éluder

(1) On trouve dans les numéros 542, 545, 547 de *l'Ami de la Religion*, (octobre et novembre 1819) une nomenclature intéressante et à peu près complète de tous les ouvrages publiés dans le cours des XVIIe et XVIIIe siècles sur l'usure ; aussi bien pour que contre.

l'interdiction de l'intérêt édictée et toujours maintenue par l'Eglise. Les anciennes lois civiles n'étaient pas positivement abrogées, mais elles tombaient en désuétude. En 1593, un arrêt du Parlement de Rouen permit de placer les deniers pupilaires à intérêt autrement que par constitution de rente. Les magistrats semblent désarmés en face des exigences économiques nouvelles, ils ne sévissent guère que lorsqu'il y a abus évident. Bossuet le reprochera non sans quelque amertume à ceux de son temps, et malgré sa grande autorité il n'arrivera pas à enrayer le mouvement.

En 1662, Louis XIV emprunte cinq millions, au denier 18 (5,55 0/0), pour payer Dunkerque. Après de pareils exemples il était difficile de réagir efficacement, contre le prêt à intérêt.

Cette évolution ne s'opère pas sans protestations, et même sans protestations répétées de la part des écoles de théologie, des Congrégations romaines et des Souverains Pontifes. Plusieurs fois, entr'autres le 16 juillet 1658 et le 3 février 1665, la Sorbonne condamne des propositions favorables au prêt à intérêt et à divers autres contrats que la Faculté considérait comme des palliatifs de l'usure (1). — L'Assemblée du clergé de France de 1700 réprouve, le 4 septembre, les « nouvelles théories » autorisant la perception d'un intérêt dans le *mutuum*. Les Universités demeurent toutes, ou presque toutes, inébranlablement attachées à l'enseignement traditionnel.

La Congrégation de l'Inquisition et celle de l'Index censurent à maintes reprises des ouvrages écrits pour

(1) Bossuet dans son *Traité de l'usure* s'est fait l'éloquent champion des doctrines de l'Ecole, de cette Ecole dont il est la gloire et dont nul n'a mieux et plus pieusement que lui gardé les enseignements. En réfutant Grotius, il réfute tous ceux qui s'écartent des doctrines traditionnelles. Il prouve que l'usure entendue dans le sens scolastique a été défendue dans l'Ancien Testament, qu'elle l'est dans le Nouveau d'une manière plus rigoureuse et plus générale encore ; qu'avec elle sont défendus tous les procédés qui ne servent qu'à la favoriser ou la dissimuler. Il va même jusqu'à soutenir, ce qui est exagéré, que la doctrine qui dit que l'usure est prohibée dans la Loi Nouvelle à l'égard de tous les hommes est de foi.

défendre la licéité de l'usure modérée, au moins dans le prêt de commerce (1). — Les papes Alexandre VII, Innocent III et surtout Benoît XIV s'élèvent contre l'usure et ses partisans. Benoît XIV a traité la question dans deux pièces qui sont restées justement célèbres : la lettre encyclique du 1er novembre 1745 : *Vix pervenit*, et le grand ouvrage de *Synodo diœcesana* dont la première édition parut en 1748 et la seconde plus considérable en 1755 Parmi les nombreux documents émanés du saint-siège sur cette matière il n'y en a pas un d'aussi complet, d'aussi net (2). Malgré cela la tolérance par rapport à la perception d'un intérêt

(1) Chose curieuse, dans cette affaire, les Jansénistes, au moins les Jansénistes hollandais, font campagne avec « ces casuistes relâchés et retors » dont le *parti* se moquait tant et pour lesquels il n'avait que plaisanteries et mépris. Les mémoires du temps nous montrent un très grand nombre de théologiens de la secte dépassant dans leur écrits tout ce qu'avaient fait imprimer Pirot, Moya, de Colonia, Moignan. Les Jansénistes français marchant sur les traces d'Arnaud et des autres solitaires de Port-Royal furent généralement opposés à la licéité du prêt à intérêt. Quelques-uns pourtant, comme Mignot, se montrèrent partisans convaincus de sa légitimité.

(2) Un peu après 1730, la ville de Vérone fut autorisée par son Souverain à emprunter une certaine somme à 4 0/0 d'intérêts. Plusieurs théologiens considérèrent cette opération comme usuraire, d'autres auteurs la défendirent. En 1712, l'évêque de Vérone, Bragandini, se crut obligé d'intervenir et de rappeler nettement les principes traditionnels. L'instruction qu'il donna déplut à beaucoup. Elle fut attaquée par le marquis Scipion Maffei qui envoya son livre au Pape. La dispute s'envenima et s'étendit dans tous les Etats de Venise. L'affaire fut portée à Rome, une commission fut nommée pour l'examiner et le 1er novembre 1745, Benoît XIV publia sa fameuse encyclique : *Vix pervenit*, où il résume et renouvelle l'enseignement de l'Eglise sur la question. — Il y affirme que l'usure est formellement défendue par la loi de Dieu, qu'elle est inséparablement liée au *mutuum*, qu'elle ne saurait exister là où il n'y a pas de prêt, ni manifeste ni pallié ; qu'elle consiste à exiger de l'emprunteur, en raison du prêt, un intérêt quelconque ; qu'elle ne dépend pas, ni du taux ni de l'intérêt, ni de l'état de pauvreté de l'emprunteur, mais du fait de toucher, sans titre extrinsèque, plus qu'on a prêté. Il y a usure alors même que le taux soit modéré, que l'emprunteur soit riche ; que l'emprunt soit fait dans un but purement lucratif et commercial. — Benoît XIV admet qu'à la vérité le prêt se trouve quelquefois accompagné d'autres *titres* qui donnent droit au prêteur de demander au delà du capital, mais il ajoute aussitôt qu'il est faux de prétendre que ces titres existent toujours et que parmi les titres autorisant la perception d'un intérêt, on ne saurait placer ceux qui sont intrinsèques au prêt et se confondent ainsi en réalité avec lui. Il admet pareillement qu'il y a des contrats, autres que le *mutuum*, permettant de tirer de l'argent soit des revenus annuels soit un profit honnête ; mais ces contrats doivent réaliser deux conditions : la première,

modéré dans le prêt de commerce se généralisa de plus en plus et ceux qui n'osaient pas pratiquer ouvertement l'usure telle qu'elle avait été condamnée, avaient recours, pour tranquilliser leur conscience, à l'expédient commode des *titres extrinsèques* et des *contrats d'à côté.* Ces portes dérobées l'Église n'en avait ouvert aucune, mais elle ne les avait pas non plus toutes fermées ; on y passa très souvent et, à la fin du XVIIIe siècle, les choses en étaient arrivées à ce point que de toute part on réclamait le remaniement de la législation sur le prêt à intérêt.

IV. *Le prêt à intérêt depuis la Révolution française jusqu'à nos jours.* — Dans sa lutte contre l'usure l'Église avait été souvent soutenue par les Parlements et par des jurisconsultes d'une haute valeur, comme Domat, Pothier, d'Aguesseau ; les économistes du XVIIIe siècle, au contraire, attaquèrent violemment ses doctrines et proclamèrent la nécessité non seulement de permettre le prêt à intérêt, mais encore d'accorder une liberté absolue pour la fixation du taux. Turgot, dans son *Mémoire sur les prêts d'argent* (1769), et Bentham, dans ses *Lettres sur l'usure* (1787), demandèrent la suppression de toutes les barrières que les siècles précédents avaient élevées ou maintenues et préparèrent ainsi les voies à l'œuvre que devait accomplir la Révolution (1).

Le 12 octobre 1789 l'Assemblée nationale décréta

qu'ils ne reviennent pas à un prêt déguisé ; la seconde que tout y soit réglé selon la loi de Dieu et les principes de la justice commutative.

Tels sont les principaux points de doctrine sur l'usure que Benoît XIV propose au clergé d'Italie. C'est un résumé lumineux et formé de ce qu'[illegible]ient écrit les grands canonistes et les grands théologiens du [illegible] en âge. Cet enseignement, qui emprunte une grande valeur au [illegible]avoir, à la compétence et à la dignité du grand Pontife qui le donna, ne saurait cependant être considéré comme une définition *ex cathedra*, il n'en réunit pas les conditions.

(1) Montesquieu et Condillac soutinrent la légitimité de l'intérêt dans le prêt. Le philosophe chrétien de Bonald qui vint plus tard, était d'avis que l'intérêt est légitime en matière de commerce.

que « tous particuliers, corps, communautés et gens de main-morte pourront à l'avenir prêter de l'argent à terme fixe, avec stipulation *d'intérêts* suivant le taux que déterminera la loi. » Cette loi donna la liberté absolue en matière commerciale et fixa à 5 % le taux maximum en matière civile. La loi du 11 avril 1793 supprima ce dernier point et laissa aux intéressés le soin d'arrêter eux-mêmes les conditions du contrat. La loi du 3 septembre 1807 fixa le maximum du taux à 6 % en matière commerciale et revint à l'ancien maximum de 5 % en matière civile. La loi du 12 janvier 1886 a rétabli les choses en l'état où les avait mises celle de 1793. Aujourd'hui, il n'y a plus, en France, de taux légal pour les prêts en matière commerciale. Il en est de même dans beaucoup d'autres Etats et il n'y a pas actuellement de pays où l'intérêt ne soit considéré par la loi comme parfaitement légitime pourvu qu'il ne dépasse pas ce qu'autorisent le droit, la coutume et l'équité naturelle.

Une évolution, qui ressemble beaucoup à une révolution, s'est produite dans la pratique et même dans les enseignements de l'Eglise. Durant la première partie du XIXe siècle, la controverse sur la brûlante question de l'usure continua ardente parmi les catholiques, mais le nombre de ceux qui ne considéraient plus l'usure comme chose intrinsèquement mauvaise et partant comme toujours défendue, devint de plus en plus considérable. De longs et doctes ouvrages furent composés, non pas pour défendre le prêt à intérêt en général, mais le prêt à intérêt en matière de commerce et d'industrie. Parmi les livres qui firent le plus de bruit il faut citer : les *Dissertations sur le prêt de commerce* du cardinal de la Luzerne (1823), et la *Discussion sur l'usure,* de Mastrofini (1830) (1). La vieille doctrine avait cependant de chauds et irréductibles partisans, et c'est elle

(1) On trouvera dans Carrière : *De contractibus*, t. III, pp. 275 et suiv. une indication assez complète, avec appréciation sommaire des principaux ouvrages publiés à la fin du XVIIIe siècle et au commencement du XIXe, sur le prêt à intérêt.

qu'on enseignait toujours officiellement dans les séminaires (1).

Dans ces maisons on se faisait généralement un devoir de conscience de ne pas s'écarter de l'encyclique de Benoît XIV, et les professeurs les plus avancés se bornaient à exposer timidement la controverse et à indiquer les raisons invoquées en faveur d'une opinion qui gardait un goût prononcé d'hérésie. Au dehors on ne conservait pas la même réserve, et vers 1830 c'était une vraie mêlée doctrinale. « Dans la science entière de la morale, écrivait l'archevêque de Turin, Fransoni, en date du 13 février 1833, on ne trouverait pas une question plus agitée, plus débattue et plus attaquée de part et d'autre que la thèse *de lucro ex mutuo*. C'est une question énorme que de savoir de quel côté penche plus la raison entre les combattants, à propos de cette controverse dont on peut toujours discuter, chacun pour le parti qu'il a adopté, puisqu'il n'est pas encore intervenu un jugement irréformable mettant fin aux disputes, et c'est pourquoi les consciences des fidèles demeurent anxieuses et en suspens entre les deux partis qui soutiennent des opinions si opposées. »

Ce « jugement irréformable mettant fin aux disputes »

(1) L'Assemblée des prêtres de Saint-Sulpice, qui déjà avait repris la direction d'un nombre considérable de séminaires, arrêta, à Issy, dans sa séance du 9 septembre 1818, les articles suivants... Art. 2. « Des motifs graves font aujourd'hui déclarer à la Compagnie qu'elle a toujours porté et qu'elle continuera de porter le même respect aux définitions de l'Eglise contre l'usure et notamment à la Lettre Encyclique de Benoît XIV, du 1er novembre 1745, développée par lui-même dans son traité de *Synodo diœcesana*, et aux décisions du clergé de France dans l'Assemblée de 1700. » — Art. 3. « Elle enseigne en conséquence, que non seulement le prêt en général, mais encore le prêt de commerce et le prêt fait aux riches sont contraires aux lois naturelle, divine et ecclésiastique quand ils ne sont pas accompagnés de quelqu'un des titres extrinsèques au prêt, expliqué par les théologiens. » — Art. 4. « Par suite de cette même doctrine elle blâme ceux qui disent qu'aujourd'hui la question de l'usure n'est plus qu'une question de nom, attendu qu'on ne prête jamais son argent que l'on ne soit autorisé à percevoir un intérêt modéré, soit parce qu'il se trouve toujours quelque titre extrinsèque au prêt, soit parce qu'on eût pu faire un contrat d'un autre genre. » — M. Carrière, qui fut plus tard supérieur de la Compagnie, s'est absolument conformé à ces règles dans son remarquable traité *De contractibus* publié en 1847. Il n'admet pas la légitimité de l'intérêt même dans le prêt de commerce et soutient la doctrine de l'ancienne Sorbonne sur l'usure.

on le sollicita inutilement, le Saint-Siège garda le silence, il se refusa à trancher la difficulté par une définition catégorique, et la controverse continua sur le terrain des principes. Dans la pratique la situation fut profondément modifiée à partir de 1830.

Interrogées par des évêques, des prêtres et de simples fidèles sur la licéité de l'intérêt l'égal, la Pénitencerie et la Congrégation du Saint-Office adoptèrent à cette époque, une formule de réponse qu'elles ont invariablement conservée depuis et qui met à l'aise ceux qui désirent faire honnêtement fructifier leurs capitaux par le prêt. Cette réponse est celle-ci : « Il ne faut pas inquiéter ceux qui prêtent aux taux légal, ni les obliger à restituer les intérêts perçus ; il suffit de leur demander de s'engager à accepter et à suivre les instructions qui pourront être ultérieurement données par le Saint-Siège sur cette matière : *non esse inquietandos pœnitentes quousque Sancta Sedes definitivam decisionem emiserit, cui parati sint se subjicere, ideoque nihil obstari eorum absolutioni in sacramento pœnitentiæ* (1). » C'était l'autorisation implicite de percevoir un intérêt dans le prêt ; et comme aucune décision pontificale n'est intervenue et certainement n'interviendra, la question est considérée par tous comme pratiquement tranchée dans l'ordre de la conscience.

Si pour les *catholiques* comme pour les *économistes* la question du prêt à intérêt est regardée comme solutionnée, il n'en est pas de même pour les *socialistes*. Déjà en 1847, Proudhon et Chevet réclamaient une refonte radicale des lois sur le prêt, car pour eux l'intérêt était chose souverainement et essentiellement injuste.

(1) Les principales réponses des Congrégations sur cette matière, sont celles données : 1° à l'évêque de Rennes par le Saint-Office, le 18 août 1838 ; 2° à M. Denavit, professeur au grand séminaire de Lyon, par la Pénitencerie le 16 septembre 1830 ; 3° à l'évêque de Vérone par la Pénitencerie, le 14 août 1831 ; 4° à l'évêque de Viviers, par le Saint-Office, le 31 août 1831 ; 5° au chapitre de Locarno, par le Saint-Office le 31 août 1831 ; 6° à M. Denavit, par la Sacrée Pénitencerie le 11 novembre 1831 ; 7° au professeur Avero, par la Sacrée Pénitencerie, le 11 février 1832.

En 1860, Pie IX a emprunté 465.000 écus romains à 5,35 %. En 1866, a eu lieu l'emprunt Blount à 6 %.

Aujourd'hui les Marxistes, s'inspirant des doctrines de leur maître, sur l'absolue stérilité de l'argent et la fécondité réelle du travail seul, dénient au capitaliste le droit de tirer un profit, même modéré, des fonds qu'il a mis dans une entreprise. Pour eux l'intégralité du produit doit revenir à l'ouvrier, dont il est l'œuvre exclusive. Tout prélèvement opéré comme rémunération du service rendu en avançant des fonds est purement et simplement l'injuste appropriation de ce qui appartient à autrui et partant un véritable vol.

Sans admettre complètement de pareilles théories, quelques représentants de la partie avancée de *l'école sociale catholique* regrettent vivement que les anciennes lois sur l'usure soient tombées en désuétude, car ils voient dans le prêt à intérêt une des principales causes du mal social dont nous souffrons et dans le retour aux prohibitions d'autrefois le plus sûr moyen de désarmer le socialisme et de lui enlever le meilleur des prétextes sur lesquels il fonde ses revendications. Ils disent avec Mgr Scheicher : « La question de l'intérêt de l'argent est la grande question sociale. L'intérêt est la cause de la misère du peuple, car l'intérêt est un revenu qui s'obtient sans aucun travail et par l'exploitation du travail d'autrui. » Il est inutile de faire remarquer qu'il y a là, à côté de beaucoup d'exagération, une ignorance considérable des conditions de notre temps.

Avant de terminer ce précis historique sur le prêt à intérêt à travers les âges et chez les divers peuples, nous tenons à rappeler que les Orientaux n'ont pas connu nos longues disputes sur l'usure. Les Grecs, aussi bien les unis que les dissidents, n'ont jamais considéré comme défendue la perception d'une rétribution modérée dans le prêt. Ils ont gardé, à peu près, les prescriptions du code de Justinien ; chez eux le rôle de l'Eglise s'est borné à combattre les abus et à assurer une plus large pratique de la charité chrétienne.

CHAPITRE III

Observations critiques sur la position prise par l'Eglise dans la question du prêt à intérêt.

§ I. Causes qui ont amené l'Eglise a proscrire si sévèrement l'usure.

1° Durant la *période des Pères*, la grande et même l'unique cause de la vigoureuse campagne menée contre l'usure a été la vue des maux aussi criants que nombreux qu'elle enfantait. Les excès qui se commettaient, les injustes spoliations qui plongeaient tant de malheureux dans la misère et le désespoir provoquèrent les généreuses indignations d'hommes trop pénétrés de l'esprit du Christ pour rester insensibles au sort lamentable qui, sous le couvert de la loi, était fait aux pauvres par les usuriers. Orateurs et écrivains ecclésiastiques ne peuvent, devant un pareil spectacle, se résoudre à garder le silence et ils font entendre des protestations dont la force le dispute à l'éloquence.

2° Au *moyen âge,* la doctrine sur l'usure s'est affirmée et a pris corps sous l'influence de causes multiples ; on peut en signaler cinq principales :

a) Les enseignements de l'âge précédent. — Le mouvement créé par les Pères avait été s'accentuant à mesure que le christianisme s'implantait dans les masses et substituait sa douce influence à l'influence égoïste du paganisme. Les peuples avaient embrassé la religion du Christ, il fallait les pénétrer de plus en plus de sa charité, on pouvait demander beaucoup à leur foi, on fut comme naturellement amené à reproduire, en les aggravant, les thèses de ces grands docteurs du IVe et du Ve siècle dont la doctrine était tenue en si haute estime, mais n'était encore que bien imparfaitement connue. Les exemplaires de leurs ouvrages étaient très rares. Le public même des écoles ne les connaissait guère que par les extraits qu'il en trouvait dans le *Livre des Sentences* de Pierre Lombard et le *Décret* de Gratien, extraits qui, séparés du contexte, ne rendaient pas toujours clairement et fidèlement la pensée de l'auteur.

b) La réaction contre le droit romain. — Ce droit avait survécu à la chute de l'Empire ; modifié plus ou moins profondément, il continua, pendant plusieurs siècles, à régir les peuples latins devenus chrétiens. Son esprit et ses tendances étaient cependant, sur bien des points, en opposition absolue avec les tendances et l'esprit de l'Evangile. Aussi, peu à peu, se forma une législation nouvelle, animée d'un tout autre souffle et s'inspirant de tout autres principes. Le droit canon prit la place du droit romain ; et si celui-ci conserva des partisans fidèles dans les légistes, il trouva des adversaires ardents dans les théologiens, les prédicateurs et les canonistes. Il avait patronné l'usure, c'était un motif pour qu'elle fût considérée comme suspecte par des hommes qui voyaient en lui, et non sans raison, un reste du paganisme dont il fallait faire disparaître jusqu'aux derniers vestiges.

c) L'autorité d'Aristote. — Il est inutile de rappeler l'action qu'exerça ce philosophe sur le moyen âge. Son influence fut prépondérante dans les écoles. On ne discutait pas ses principes, on les adoptait ; n'était-il pas considéré par tous comme le *maître ?* On le citait aussi souvent et plus souvent même que les saints Pères, on tranchait par sa seule autorité un grand nombre de questions. Il avait proclamé la pratique de l'usure illicite et antinaturelle. On lui emprunta ses arguments, et avec lui on répéta qu'on n'avait pas le droit de tirer un profit de l'argent prêté, parce que *nummus non facit nummos*. Son autorité venant s'ajouter à celle des Pères et des Conciles enleva la position et fit passer à l'état de dogme économique l'opinion qu'il avait soutenue.

d) Les conditions économiques de l'époque. — Au moyen âge, il était difficile d'acheter de la terre (1), l'agriculture était à l'état rudimentaire, les routes mauvaises, les rivières peu navigables, le commerce d'exportation presque nul, le colportage dangereux, la paix incertaine, les reîtres et les maraudeurs nombreux, les populations dispersées, le commerce confiné dans quelques centres, la fabrication essentiellement domestique et le capital sans forme définie. Les gens plaçaient leur argent dans leurs caves, ou le déposaient pour plus de sûreté, dans les maisons religieuses ; de là sont venues les légendes de trésors cachés dans les monastères, légendes qui subsistent encore de nos jours. Les déposants reprenaient leur argent au fur et à mesure de leurs besoins, soit pour les dépenses du foyer, soit pour toute autre nécessité. A cette époque on était en droit de considérer l'argent comme stérile : de fait, il ne rapportait habituellement rien, il ne servait que comme moyen d'échange. Ce n'est que plus tard qu'il devint un puissant instrument de production.

e) La qualité de ceux qui empruntaient. — Les prêts au moyen âge n'étaient faits qu'à des pauvres, aux chevaliers besogneux voulant s'équiper pour la croisade, aux manants obérés forcés de recourir à l'emprunt pour subvenir à leurs besoins, aux cadets de famille voulant tenir leur rang et manquant des moyens nécessaires. Tous empruntaient pour des consommations personnelles et par conséquent improductives. Naturellement quand venait l'échéance, ils ne pouvaient payer les intérêts, ni même le capital ; et alors ceux qui leur avaient prêté de l'argent, — de cet argent si rare à cette époque

(1) La presque totalité du sol appartenait ou aux nobles ou aux clercs ; leurs terres n'étaient pas à vendre. Les forêts couvraient une grande partie du pays. On les réservait pour la chasse et les pâturages.

même dans la bourse de ceux qui étaient riches en terres et en bétail, — retenaient les gages énormes qu'ils avaient exigés ou recouraient aux plus odieuses évictions. Emprunter à intérêt c'était pour les malheureux aller infailliblement à la ruine. Le recours à l'usure constituait pour eux la plus funeste calamité ; elle leur enlevait presque toujours le peu qu'ils possédaient (1).

3° *Après le moyen âge.* — Malgré les modifications profondes qui s'étaient produites dans l'état économique de l'Europe et malgré les adoucissements que beaucoup de casuistes et de jurisconsultes crurent devoir, dans la pratique, apporter à la rigueur des doctrines de l'Ecole sur l'usure, les enseignements de l'Eglise en matière de prêt à intérêt ne varièrent pas sensiblement jusqu'au XIXe siècle.

L'encyclique *Vix pervenit*, de Benoît XIV, nous en fournit la preuve. La principale cause de cette persévérance dans des idées qui déjà étaient vigoureusement battues en brèche, il faut la chercher dans la force du courant doctrinal créé par l'âge précédent. Les condamnations des conciles ont été si formelles et si sévères, les déclarations des papes si nettes, les affirmations des théologiens et des canonistes si catégoriques, la réprobation contre l'usure si universelle et si justifiée, qu'on n'ose rompre avec une tradition si générale. On craint de sortir de l'orthodoxie et de livrer quelque chose du dogme catholique si on ne maintient pas dans son intégralité un enseignement que l'on est accoutumé à considérer, non pas seulement comme basé sur les prescriptions de l'Eglise, mais encore comme reposant sur la volonté positive de Dieu et les données de la droite

(1) Les Pères d'un concile de Paris signalaient déjà ces excès au IXe siècle, leurs paroles sont restées vraies pendant tout le moyen âge, durant ces siècles où les chrétiens furent si indignement exploités par les Juifs et les Lombards qui ne valaient pas mieux que les Juifs. « *Et multiplicibus atque innumeris usurarum generibus, sua adinventione et cupidate repertis, adeo pauperes Christi affligunt, ut exceptis aliis oppressionibus quibus, ad injuriam Dei, atrociter cruciantur, hoc speciali modo multum eorum fame et egestate pereant, multi etiam hac oppressione compulsi, alienas, incolatus gratia, expetant terras...* »

raison. On le regardait en effet, communément comme l'exacte expression du droit *naturel,* du droit *divin* et du droit *ecclésiastique*. Il est aisé de comprendre que l'Ecole élevée dans de pareils principes, ait refusé de s'associer à un mouvement qui tendait à faire admettre comme légitime, dans certains cas, l'us[illegible]horrée et considérée jusque-là comme intrinsè[illegible]t mauvaise. Une institution qui a le sens traditionnel aussi développé que l'Eglise catholique ne rompt pas aussi aisément avec tout un passé. Pour qu'une pareille évolution puisse se faire, il faut du temps et encore ne se réalise-t-elle que sous l'impérieuse pression des circonstances. On s'était engagé trop à fond pour pouvoir reculer sans paraître se contredire. Il était nécessaire que des conditions économiques nouvelles survinssent et permissent de se replier en bon ordre, en enlevant aux anciens arguments le plus net de leur valeur.

§ II. Arguments invoqués pour établir l'illicéité du prêt a intérêt.

Lorsque l'abus eut fait universellement condamner l'usage du prêt à intérêt, l'on se préoccupa de légitimer cette prohibition et de grouper des arguments pour en établir le bien fondé. Ces arguments l'Ecole les emprunta à l'Ecriture, à la Tradition et à la Raison. Elle déclara qu'il fallait voir une condamnation formelle du prêt à intérêt dans les passages de l'Ancien Testament et dans le texte de saint Luc que nous avons cités au commencement du chapitre précédent. Elle enseigna que les Pères avaient été unanimes à flétrir l'usure et que, sous peine de penser autrement qu'eux, il fallait la considérer comme constituant une injustice et un vol. Elle apporta des citations nombreuses d'auteurs ecclésiastiques, de conciles généraux ou particuliers, de papes ; mais surtout elle s'appliqua à trouver des raisons pour asseoir cette délicate et difficile thèse.

Les scolastiques mirent au service de cette cause leur pénétrante subtilité et leurs ordinaires procédés d'analyse. Partant de cette idée, regardée par eux comme au-dessus de toute contestation, qu'une rétribution perçue en raison du prêt est nécessairement illégitime, ils demandèrent à la philosophie et à l'observation des arguments qu'il sera curieux d'étudier, car ils jettent un jour intéressant sur les conceptions économiques du moyen âge.

Toute la question du prêt à intérêt, nous l'avons déjà indiqué, revient à celle du *loyer de l'argent*. Peut-on régulièrement louer les choses fongibles et particulièrement l'argent, ou bien ces choses sont-elles par essence inaptes à servir de matière à un contrat de louage ? Voilà le problème dans son vrai jour. Si l'on admet que leur location est possible et normale, la difficulté est tranchée ; celui qu'improprement on appelle un prêteur et qui, en réalité, est un bailleur, un loueur d'argent, a incontestablement le droit de percevoir un loyer pour son argent, comme il aurait le droit d'en percevoir un pour sa maison, pour son cheval, s'il louait sa maison ou son cheval. Les adversaires du prêt à intérêt s'en rendirent bien compte, aussi tous leurs efforts tendirent-ils à établir que les choses fongibles et l'argent monnayé ne peuvent être objet d'un contrat de louage. Ils en donnèrent de nombreuses raisons ; nous allons essayer de résumer les principales.

1° On loue une chose ou à cause de la fertilité qu'elle possède ou à cause des services qu'elle peut rendre, et le louage n'est, au fond, que la vente, pour un temps déterminé, non pas de la chose elle-même, mais de sa *puissance productrice* s'il s'agit d'une terre, ou de son *utilité*, de son *usage* s'il s'agit d'une maison, d'un animal, d'un meuble, ou de tout autre objet de même nature. Or, disaient les scolastiques, il ne saurait être question de vendre ni *fruits*, ni *puissance productrice*, ni *usage* quand il s'agit d'argent.

a) On ne peut pas songer à vendre les *fruits* de l'argent monnayé, car il n'en produit pas. Il est essentiellement stérile ; on n'a jamais vu un écu produire un autre écu, *nummus non fecit nummos* :

b) On ne peut pas non plus songer à vendre la *puissance productrice* de l'argent, car elle n'existe pas. Avec l'argent on peut bien réaliser des bénéfices, *potest de pecunia lucrari ;* mais ce *lucrum* ne sort nullement *de pecunia*, il vient tout entier de l'industrie, du travail de celui qui se sert de l'argent (1). La terre a une fécondité intrinsèque, l'argent n'en a pas même l'apparence. Par lui-même il n'est qu'un moyen d'échange.

c) On ne peut pas davantage songer à vendre l'*usage* de l'argent, car pour l'argent comme pour tout objet fongible, l'usage se confondant absolument avec la consommation, n'existe, à proprement parler, pas. On peut vendre l'usage d'une maison, d'un cheval, d'un instrument ; ces objets possèdent une utilité permanente ; après avoir servi, ils peuvent servir encore et leur utilité est distincte d'eux-mêmes ; mais on ne peut vendre le simple usage d'un pain, d'une mesure de vin, d'une somme d'argent ; en effet, ce pain, ce vin, cet argent cessent d'exister par le fait même qu'on s'en sert. Ils disparaissent dans le premier usage : l'argent disparaît en ce sens qu'il passe dans d'autres mains. Vendre l'*usage* des choses fongibles, c'est les vendre elles-mêmes puisqu'elles ne survivent pas à l'emploi qu'on en fait. « *Locatio proprie convenit rei cujus usus potest separari a substantia,* disait Buridan, *sequitur quod pecunia, secundum rei veritatem, non est locabilis* (2) ».

(1) Pour le moyen âge le travail, l'*industria*, comme on disait alors, est la source de la richesse, le grand facteur de la production ; c'est le seul moyen légitime et naturel de s'enrichir. Aussi blâme-t-on et condamne-t-on ceux qui — les usuriers sont du nombre — prétendent s'enrichir en dehors de tout travail personnel. En agissant de la sorte, ils s'emparent du fruit du travail d'autrui, c'est-à-dire de ce qui ne leur appartient pas. Ce fruit doit revenir en entier au travailleur, c'est une injustice et une spoliation de vouloir ou le lui enlever ou le partager avec lui. Il serait intéressant de rapprocher ces théories de celles qui ont été soutenues par Karl Marx et son école. Une pareille étude réserverait de curieuses surprises aux socialistes et à d'autres aussi.

(2) *Questiones super octo libros polit. Arist.*, lib. I., 9, XII. — De son côté Gilles de Rome écrit : (lib. II ; pars 3a ; cap. XI.) : « In usura usus rapitur et usurpatur, quia concedendo usum denarii concedit substantiam ejus ; concedendo vero substantiam non ulterius spectat ad ipsum usum ejus ; quare si de usu pensionem accipiat ven-

2° Celui-là seul peut légitimement louer une chose et en percevoir un location, qui en est le véritable propriétaire ; or, disaient encore les scolastiques et avec eux tous les adversaires du prêt à intérêt, celui qui prête de l'argent cesse d'en être le vrai propriétaire, car le prêt, dans les choses fongibles, transfère la propriété du prêteur à l'emprunteur. Au prêteur il reste seulement une créance, c'est-à-dire le droit de répéter une somme équivalente de celle qu'il a prêtée. Il perd le *jus in re*, il ne garde qu'un *jus ad rem*. Il est très facile de le démontrer.

a) Res fructificat domino suo ; res perit domino suo, or, l'argent prêté périt et fructifie à l'emprunteur ; s'il y a bénéfice, le bénéfice est pour lui ; s'il y a perte, il supporte la perte tout entière ; c'est donc lui qui est le véritable *dominus*. — *b)* Le droit de disposer d'une chose et de la consumer appartient au seul propriétaire : or dans tout prêt d'argent l'emprunteur dispose à son gré de la somme prêtée, il peut même la dissiper et la détruire, il en a donc vraiment la propriété. — *c)* Le prêteur cède à l'emprunteur l'usage de l'argent qu'il lui prête, or la propriété de l'argent est inséparable de son usage, par conséquent le prêteur d'argent en se dépouillant du droit d'usage se dépouille, par le fait même, du droit de propriété. — *d)* La translation de propriété est tellement de l'essence du prêt de consommation que c'est de là même qu'il tire son nom de *mutuum* suivant le témoignage d'un grand nombre de jurisconsultes : *Appellata mutui datio ab eo quod de me tuum fiat* (1). La loi romaine est absolument catégorique sur ce point. — Il ne saurait donc être sérieusement question de *louage* quand il s'agit de prêt d'argent.

3° Ce qui le prouve bien, c'est que personne ne s'avise

dit quod non est suum, vel accipit pensionem de eo quod non spectat ad ipsum. »

(1) Cette définition est du jurisconsulte Paul. Varron fait venir, lui, *mutuum* du mot sicilien *moiton* et notre Cujas le fait dériver de *mutuatio*.

d'employer le mot de louage quand il faut désigner ce contrat. On ne dit pas plus louer une somme d'argent que louer un hectolitre de blé ou un hectolitre de vin ; parce que tout le monde reconnaît qu'il y a une différence essentielle entre le louage et le prêt d'argent (1).

§. III. Discussion des arguments invoqués pour établir l'illicéité du prêt a intérêt.

Ces arguments sont loin d'être concluants, aucun d'eux ne constitue une démonstration absolue et, après les avoir étudiés sans parti pris, on n'est pas du tout convaincu que le prêt à intérêt soit aussi profondément inique que le veulent bien dire les théologiens et les canonistes. Ils n'établissent pas irréfragablement, tant s'en faut, que la loi divine et le droit naturel défendent de tirer le moindre profit de l'argent prêté. Mais avant de prendre ces preuves les unes après les autres pour les discuter, nous croyons équitable de faire remarquer que certaines d'entre elles, qui aujourd'hui nous paraissent, avec raison, faibles ou nulles, pouvaient avoir, au moyen âge, une réelle valeur. Les conditions économiques étaient alors bien différentes de ce qu'elles sont maintenant. Ce qui était vrai à cette époque, sur plus d'un point, a cessé de l'être ; on serait injuste, si, comme un trop grand nombre d'auteurs l'ont fait, l'on accusait l'Eglise et ses docteurs d'avoir imposé une doc-

(1) Les scolastiques apportent encore un autre argument pour établir leur thèse contre le prêt à intérêt ; ils l'ont trouvé dans Aristote. Si nous le citons, ce n'est pas qu'il ait une grande valeur, c'est uniquement à cause de l'autorité qui s'est, pendant de longs siècles, attachée au nom de son auteur. L'argument revient à ceci : « Le prêt à intérêt n'est pas admissible parce qu'il détourne la monnaie de la fin pour laquelle elle a été établie et qu'il constitue un moyen de s'enrichir indéfiniment, choses qui vont contre l'ordre de la nature. La monnaie a été établie pour servir aux échanges et non au lucre, en l'obligeant en quelque sorte à faire des petits on méconnait absolument sa nature et sa fin. — Le bien général s'oppose à un accroissement démesuré des fortunes privées ; par le prêt à intérêt on tend à cet accroissement indéfini et par des moyens inacceptables. » — Nous avouons, en toutes humilité et simplicité, que nous ne sommes pas arrivé à comprendre ce raisonnement et que sa force nous échappe complètement.

trine sans fournir aucune raison vraiment sérieuse pour en établir le bien fondé. Cette observation faite, arrivons aux arguments invoqués.

1° *Des divers textes de l'Ancien Testament*, qui sont allégués, il résulte qu'on doit avoir pitié du pauvre et qu'après lui avoir prêté de l'argent, il ne faut être dur ni pour presser le remboursement, ni pour exiger une rémunération ; mais il n'y a de positivement défendu que l'usure oppressive et l'usure entre Juifs. La Loi ancienne permettait l'usure raisonnable à l'égard des étrangers, ce qui prouve que l'usure n'est pas chose intrinsèquement mauvaise et qu'il y a des cas où elle est licite.

2° *Le fameux passage de saint Luc : mutuum date, nihil inde sperantes*, ne constitue pas, nous l'avons déjà montré (page 20), une prohibition formelle et surtout évidente de toute perception d'intérêt. Il n'y est en rien question d'argent ou d'autres objets prêtés à usure. Notre-Seigneur y recommande simplement de rendre service au prochain, de lui venir en aide dans ses besoins et en le faisant d'agir pour Dieu et non en vue d'une récompense terrestre.

3° On ne saurait contester que les *Saints Pères* ne se soient vigoureusement élevés contre l'usure et ne l'aient flétrie dans les termes les plus énergiques, mais l'usure qu'ils ont condamnée est celle qui se pratiquait de leur temps, l'usure monstrueuse à l'égard des pauvres constituant une exploitation éhontée et aboutissant presque invariablement à la ruine du malheureux contraint d'emprunter. Ils ne concevaient pas une usure et un prêt différents de ceux de leur temps. Il n'était question alors que de prêt de consommation, les pauvres empruntaient seuls et les conditions qu'on leur faisait étaient, à peu près toujours, draconiennes. Le prêt de production, si fréquent depuis, était à peine soupçonné, par conséquent il ne pouvait être condamné.

D'ailleurs on a notablement exagéré l'enseignement des Pères sur ce point, on a voulu voir une opinion mesurée et réfléchie, comme leur vraie note doctrinale, dans ce qui n'était qu'un cri généreux arraché par l'indignation et la pitié. Malgré le respect qu'on avait, au moyen âge, pour leur autorité, on dénatura souvent leur pensée. Les exemplaires de leurs œuvres étaient très rares. On ne connaissait la plupart du temps, nous venons de le dire, que les extraits qu'on trouvait dans Pierre Lombard ou Gratien, et ces morceaux, détachés du texte, ne donnaient pas toujours la nuance exacte de la pensée de l'auteur.

Ce que nous venons de dire des saints Pères s'applique, en très grande partie, aux *Conciles* des dix premiers siècles. Eux aussi n'ont pas connu le prêt de production et ne se sont occupés que de l'usure de leur temps. Ils n'ont condamné que les usures qu'ils avaient sous les yeux. La plupart d'entre eux d'ailleurs n'ont pas condamné la pratique de l'usure d'une façon absolue, ils se sont contentés de l'interdire totalement aux clercs et de défendre aux laïques ce qu'elle pouvait avoir d'oppressif et d'injuste.

4° *La théorie de la radicale improductivité de l'argent n'est pas vraie ou au moins n'est plus vraie.* — Il faut d'abord faire remarquer que l'argent monnayé n'est qu'un signe, un signe purement conventionnel. Il représente une certaine *valeur*. C'est la valeur que l'on prête et non pas un peu de métal qui, en lui-même, c'est-à-dire abstraction faite de la chose qu'il concrétise, n'a aucune utilité. Cette valeur peut être indifféremment représentée par de l'or, par de l'argent, par du papier, par des objets manufacturés, par des perles, par des coquillages même comme cela se passe dans certains pays sauvages ; qu'elle soit représentée par ceci ou par cela, la valeur demeure toujours la même, il n'y a de changé que le signe qui la représente, que le signe sous lequel elle se cristallise, et le signe n'est qu'accidentel. Cette remarque très importante faite, nous admettons volontiers que l'argent, en tant que *métal*, est tout ce qu'on peut imaginer de plus stérile ; mais nous contestons absolument que l'argent en tant que *signe* représentant une valeur, soit dénué, au moins aujourd'hui, d'une réelle fécondité. La valeur, dont l'argent n'est que l'expression sensible, est une *utilité*, elle possède une véritable vertu productrice. Elle est susceptible, quittant la forme monnaie, de se transformer en terres fertiles, en troupeaux féconds ; en matières ou premières ou de consommation permettant d'augmenter la production ; en machines et métiers centuplant parfois la puissance productive de l'ouvrier ; en marchandises prêtant, par l'échange, à des bénéfices plus ou moins considérables.

On ne saurait prétendre sérieusement que, sous ces diverses formes qu'il lui est aujourd'hui si facile de prendre, l'argent, ou plutôt la valeur représentée par l'argent, soit dépourvue de toute fécondité. Nous ne sommes plus au moyen âge. A cette époque la valeur, quand une fois elle était cristallisée sous la forme stérile de monnaie, pouvait difficilement en prendre une autre. Il n'était guère possible de convertir l'argent en *terres*, il n'y en avait que très peu à vendre ; en *objets de production*, on était à l'époque de la toute petite industrie et du seul métier de famille ; en *marchandises*, le commerce était à l'état rudimentaire autant que l'industrie et cela partout, sauf dans quelques rares villes des bords de la mer. Dans de pareilles conditions, on ne pouvait absolument rien faire de son argent. On enfouissait dans des cachettes celui qui restait après qu'on avait pourvu aux divers besoins domestiques ; alors il était véritablement stérile.

Mais, même en admettant cette absolue stérilité, on ne voit pas bien comment l'argent ne pourrait pas servir de matière de contrat de louage. Une voiture n'engendre pas une voiture, une maison ne produit pas une maison et cependant personne ne conteste qu'on n'ait le droit de louer une voiture et une maison. Presque toutes les choses qu'on loue sont stériles de leur nature ; c'est le travail qui les rend fécondes.

Un outil ne produit que par l'industrie de l'ouvrier ; la terre elle-même ne donne des fruits que par le travail de celui qui la cultive, et cependant on n'a jamais trouvé mauvais qu'un propriétaire louât son champ ou sa charrue, et qu'il en retirât un profit, alors pourtant que tout le fruit obtenu vient de la peine que se donne le fermier jointe à l'aptitude radicale à produire, que possède la chose louée.

5° *Il n'est pas absolument exact de dire qu'en fait de monnaie l'usage se confond avec la consommation.* — Un négociant emprunte 10.000 francs pour les faire valoir dans son commerce. Il commence par acheter des denrées. Cette première opération fait sortir de ses mains les espèces monnayées qu'il a reçues ; mais il ne perd pas ce qu'on lui a prêté, c'est-à-dire la *valeur* représentée par les espèces, puisque cette même valeur lui reste représentée par les denrées achetées. Il n'a fait que changer le signe, la chose lui demeure en entier, il a toujours les 10.000 francs, mais sous une autre forme. S'il revend ou échange ces denrées, il change de nouveau le signe, mais la valeur qu'il a reçue reste toujours entre ses mains. Non seulement les 10.000 francs n'ont pas dépéri, mais il ont encore dû augmenter dans ces diverses opérations. Chacune d'elles a subrogé un signe à un autre signe, mais n'a en rien modifié le fond de la chose. Le négociant a pu emprunter la somme de 10.000 francs en or, en argent, en papier et sous quelque forme qu'il l'ait reçue, ce sont 10.000 francs qu'on lui a prêtés. Et quand ces 10.000 francs ont cessé d'exister sous la forme or, argent ou papier, ils existent sous la forme marchandise. On ne saurait dire qu'ils aient disparu quand on a fait usage de la monnaie qui les représentait.

6° *Le prêt d'argent ne transfère pas la propriété du prêteur à l'emprunteur.* — Ce ne sont pas, nous l'avons dit, les espèces qui sont prêtées, mais la valeur représentée par les espèces, et cette valeur continue, sous forme de *créance*, à appartenir au prêteur. Celui-ci, en effet, peut disposer d'elle, la donner, la léguer, la vendre. S'il vient à mourir, elle entrera dans sa succession avec ses autres biens et sera partagée, comme eux, entre ses héritiers. — Ce qui montre bien qu'il n'y a pas de transfert de propriété, c'est que si un négociant prête à un autre 20.000 francs et que tous deux établissent ensuite leur bilan, le prêteur portera la somme à son actif et l'emprunteur à son passif ; ce qui n'aurait pas lieu si la propriété était vraiment passée du premier au second.

7° Il est vrai que dans le langage ordinaire on ne dit point louer son argent ; mais si l'expression n'est pas usitée dans la langue française elle était très employée dans la langue latine. On disait couramment *collocare pecuniam*, *conducere nummos*, comme on disait *collocare* ou *conducere domum ;* preuve que les anciens ne voyaient aucune différence essentielle, au point de vue du contrat de louage, entre l'argent et une maison.

Nous pouvions donc dire, avec raison, au commencement de ce paragraphe, qu'aucun des arguments invoqués pour établir qu'il ne saurait être question de louage quand il s'agit d'argent, n'est concluant et qu'aucun, au moins dans les conditions actuelles, ne constitue une démonstration absolue.

§ IV. — Conséquences de la prohibition, par l'Eglise, du prêt a intérêt.

La conduite de l'Eglise a été très diversement appréciée.

1° Les uns, avec Montesquieu, la blâment très sévèrement. Ils lui reprochent d'avoir méconnu les exigences économiques, mis obstacle au développement de l'industrie et du commerce, entravé les affaires, inutilement jeté le trouble et l'inquiétude dans les consciences. — Il y a du vrai dans ces observations ; on ne peut pas, en effet, contester que, du fait de la prohibition, n'aient résulté quelques gênes dans les milieux commerciaux à partir de l'époque où la découverte de l'Amérique et des Indes ouvrant de nouveaux débouchés et procurant de nouveaux produits permit au commerce d'atteindre des développements inconnus jusque-là, mais possibles à la condition seulement de disposer de gros capitaux. — Ces gênes, le moyen âge ne les connut pas. Tant qu'il dura, le petit commerce et la petite industrie existèrent seuls, partout, sauf dans quelques rares villes maritimes. Les circonstances politiques et les conditions sociales n'en comportaient pas d'autres. Ce commerce et cette industrie n'exigeaient pas des mises de fonds considérables. D'ailleurs, quand il fallait de l'argent, on avait la ressource, à peu près toujours suffisante, de recourir à l'association, à la commandite ou au contrat de rente. — Plus tard l'admission du triple contrat et surtout des titres extrinsèques vint permettre de tourner bien des difficultés et singulièrement adoucir la sévérité des défenses.

2° Les autres font grand honneur à l'Eglise d'avoir déclaré une guerre sans merci à l'usure, de l'avoir impitoyablement traquée durant des siècles et d'avoir ainsi protégé la société chrétienne contre un mal hideux qui avait rongé les sociétés païennes. En agissant comme elle l'a fait, elle a empêché le pauvre d'être indignement victime de l'exploitation du riche, elle a barré le chemin pendant longtemps à l'agiotage effréné dont nous mourons, elle a rendu impossibles ces entreprises colossales qui ont servi surtout à édifier quelques fortunes scandaleuses, à ruiner la petite industrie, à détruire la vie de famille en jetant pêle-mêle dans d'immenses fabriques père, mère et enfants. Les abus les plus criants de l'état social actuel, le malaise intolérable dont nous souffrons ont pour cause principale l'abandon des prohibitions anciennes concernant l'usure.

Dans l'une et l'autre thèse on sacrifie à l'exagération ; la vérité est entre les deux. La défense rigoureuse portée par l'Eglise n'a pas eu toutes les conséquences fâcheuses qu'on lui attribue, elle n'a pas produit non plus tous les résultats heureux qu'on lui prête. Il suffit de parcourir des siècles même où l'usure fut le plus sévèrement interdite pour se rendre compte que le but poursuivi ne fut que très imparfaitement atteint. L'usure, malgré condamnations et anathèmes, continua à être pratiquée. Les théologiens et les prédicateurs empêchèrent quelques chrétiens d'être des voleurs ; ce qu'ils voulaient, c'était empêcher les pauvres d'être volés, ils n'y réussirent pas. Les chrétiens ne pratiquant plus le prêt, les Juifs s'en emparèrent, ils monopolisèrent la banque, attirèrent à eux la richesse publique, prêtèrent à des taux inouis, exercèrent toutes les exactions et jetèrent les bases de cette toute-puissance financière, qui les rend aujourd'hui si redoutables (1).

§ V. — CONCILIATION DES PROHIBITIONS ANCIENNES AVEC LA TOLÉRANCE ACTUELLE DE L'ÉGLISE.

On a beaucoup insisté sur la prétendue inconciliabilité des doctrines successives de l'Eglise par rapport au prêt à intérêt. La doctrine actuelle ne diffère pas aussi complètement des enseignements d'autrefois qu'on se plaît à le dire, et les différences qui existent s'expliquent, en très grande partie, par les modifications profondes survenues dans l'ordre économique et industriel.

1° *La doctrine actuelle ne diffère pas de l'ancienne aussi complètement qu'on le dit.* — Est-ce que, en effet, aujourd'hui comme jadis l'Eglise ne réprouve pas sévèrement l'*usura vorax* ? Léon XIII ne l'a-t-il pas flétrie aussi vigoureusement que Benoît XIV et les papes du moyen âge ? Est-ce que l'Eglise aujourd'hui comme jadis ne condamne pas tout ce qui est une exploitation du pauvre, tout ce qui peut conduire à la spoliation des malheureux ? Est-ce qu'elle n'affirme pas aussi haut que jamais les droits imprescriptibles de la justice et de la

(1) Innocent III a lui-même fait la remarque que l'usure des Juifs s'est développée dans la mesure même où augmentait la sévérité de l'interdiction de l'intérêt aux chrétiens : « *Quod amplius christiana religio ab exactione compescitur usurarum tanto gravius super his Judeorum perfidia insolescit : ita quod brevi tempore christianorum exhauriunt facultates.* »

charité ? Est-ce qu'elle ne garde pas toujours sa vieille défiance contre la puissance de l'argent et les abus qui en sont la suite ? Est-ce qu'à aucune époque elle a défendu de percevoir un revenu pour tout ce qui est frugifère ? Est-ce que jamais même elle a interdit d'une façon absolue de retirer un profit de l'argent prêté ? Est-ce que, enfin, aux siècles où elle se montrait le plus impitoyable pour l'usure et les usuriers elle n'admettait pas des titres extrinsèques légitimant l'intérêt et ne tolérait-elle pas des contrats dont l'usage atténuait singulièrement la rigueur de ses lois ?

2° *Des modifications profondes sont survenues dans l'ordre économique et industriel.* — Les conditions actuelles diffèrent totalement des circonstances d'alors sur deux points essentiels. Autrefois l'argent était, de fait, à peu près stérile ; aujourd'hui, grâce au développement du commerce et de l'industrie, il possède une fécondité, *sui generis*, mais réelle, que personne ne saurait sérieusement songer à lui contester.

Autrefois c'étaient les besogneux presque seuls qui empruntaient, aujourd'hui ce sont le plus souvent les riches, les spéculateurs, les banquiers, les grandes compagnies, les propriétaires d'usines, les gros commerçants, les Etats qui empruntent au public, aux petites gens, et qui puisent dans l'épargne populaire. — Autrefois il était nécessaire que la loi protégeât l'emprunteur, faible et désarmé, contre la rapacité du prêteur ; aujourd'hui, c'est le prêteur ignorant qui a besoin qu'on le défende contre l'exploitation des gros emprunteurs privés ou publics ; les situations sont donc bien changées.

Les théologiens et les canonistes ne se trompaient pas si grossièrement qu'on l'a prétendu, quand ils confondaient le *prêt à intérêt* et l'*usure ;* ils faisaient preuve au contraire d'une connaissance très exacte de l'état social de leur temps. On a trop souvent attribué leur doctrine sur le sujet qui nous occupe à l'ignorance des théories économiques les plus élémentaires tandis que cette doctrine n'est qu'une adaptation d'idées générales très justes à une situation industrielle et sociale déterminée. Tout ce qu'on peut reprocher aux théologiens et aux canonistes du moyen âge, c'est d'avoir voulu donner comme vrai partout et toujours ce qui ne l'était que transitoirement, et d'avoir fait reposer sur le droit naturel et sur le droit divin des prohibitions qui ne reposaient que sur un état de choses temporaire. S'ils furent aussi sévères dans leurs conclusions, ils ne le furent que pressés, en quelque sorte, par le sentiment public chrétien, qui s'indignait de voir, sous le couvert du prêt, commettre tant d'injustices et qui n'apercevait d'autre remède à un mal si répandu et si grave que la prohibition absolue de tout intérêt dans les prêts d'argent. La mesure était radicale, mais elle était jugée nécessaire ; il y a des cas où le seul moyen d'empêcher l'abus est d'interdire l'usage. Les moralistes, dont l'attention était concentrée sur les tristes conséquences de l'emprunt de consommation contracté par des familles à la misère, sont excusables de ne s'être pas davantage occupés et préoccupés de l'emprunt de *production* à une époque où la production était si réduite.

CHAPITRE IV

Légitimité de l'intérêt.

§ I. — Existence du droit de percevoir un intérêt pour l'argent prêté.

1° *On peut en sûreté de conscience exiger un intérêt pour l'argent que l'on prête.* — Parmi les catholiques quelques-uns soutiennent encore qu'on n'a pas le droit de prendre la tolérance actuelle, le *non esse inquietandos* de l'Eglise, pour une approbation de l'intérêt et un abandon définitif des anciennes doctrines. D'après eux, l'Eglise se recueille, elle observe, elle attend et donnera une décision lorsque, dans sa sagesse, elle le jugera opportun. — Plusieurs même espèrent qu'elle reviendra aux prohibitions d'autrefois, et par là essaiera de mettre une barrière aux envahissements de l'agiotage, de la spéculation, de l'injustice et aux perturbations sociales auxquels le prêt à intérêt a donné naissance. — Tous pourtant accordent que, jusqu'à ce que surviennent des déclarations nouvelles, on a le droit de percevoir un intérêt pour l'argent prêté et qu'il suffit d'être dans la disposition de se conformer aux prescriptions de l'Eglise pour se trouver en sûreté de conscience.

Les socialistes seuls nient qu'il soit légitime de retirer un bénéfice quelconque de l'argent. Ils en donnent deux raisons. — La première, c'est que l'argent ou capital est le produit du vol, il est constitué par du travail non payé ; celui qui le détient le détient injustement, il n'a pas le droit de profiter de ce qui ne lui appartient pas. — La seconde c'est que l'argent ne produit-rien, le travail seul est fécond et le fruit du travail doit revenir intégralement à celui qui l'a fait. Il n'y a pas place pour le moindre bénéfice de la part du capitaliste. — Nous savons ce qu'il faut penser et de la propriété individuelle du capital et de la stérilité de l'argent ; il est donc inutile de s'arrêter à une réfutation des arguments collectivistes.

Nous avons vu que ni le droit naturel, ni le droit positif divin n'interdisent le prêt à intérêt, le droit ecclésiastique le tolère, le droit civil le sanctionne dans tous les Etats ; il n'est donc pas nécessaire d'apporter des preuves nombreuses pour établir qu'il n'est pas défendu. De ces preuves nous donnerons quelques-unes un peu plus loin quand nous parlerons des bases sur lesquelles repose le droit de percevoir un *loyer* pour l'argent prêté.

2° *On peut, en sûreté de conscience, exiger un intérêt même dans les prêts de simple consommation et dans les prêts faits aux pauvres.* — Pendant longtemps les auteurs que l'on considérait comme les plus avancés, n'ont revendiqué le droit à un intérêt que pour les prêts de production, ce qu'ils appelaient les prêts de commerce. Le cardinal de la Luzerne et l'abbé Mastrofini n'ont rien demandé de plus. Ils accordaient que dans les prêts faits à des pauvres, à des personnes n'empruntant que pour subvenir à leurs besoins, il était interdit de demander rien au delà de la somme prêtée. Cette doctrine a prévalu jusqu'au milieu du siècle dernier. Elle reposait sur l'enseignement des Pères et des théologiens, croyait-on. En la professant on pensait concilier sagement ce que l'on devait à la tradition et ce qu'exigeaient les temps nouveaux. C'était une sorte de doctrine de moyen terme. — Aujourd'hui on ne fait, en pratique, aucune distinction essentielle entre les prêts de consommation et les prêts de production. Tous ceux qui ont de l'argent disponible trouvent actuellement autant d'occasions qu'ils veulent de le placer d'une façon productive ; on ne peut pas exiger qu'ils renoncent gracieusement au bénéfice qu'ils ont la possibilité de réaliser licitement, sous prétexte que celui qui emprunte leur argent ne le fera pas fructifier. Pour retirer légitimement un intérêt ils peuvent toujours, s'ils se mettent exclusivement sur le terrain de la *justice*, invoquer le motif, reconnu valable par tous les théologiens, du *lucrum cessans*.

3° *La charité cependant peut, dans certains cas, faire un devoir plus ou moins rigoureux de prêter gratuitement, surtout quand il n'y a pas danger de perte.* — Nous lisons, en effet, au livre du *Deutéronome* : « Si, dans le pays que le Seigneur ton Dieu te donnera, un de tes frères, vivant près de toi, vient à tomber dans l'indigence, tu n'endurciras pas ton cœur et tu ne fermeras pas ta main ; ta main au contraire tu l'ouvriras et tu prêteras à l'indigent ce dont il a besoin pour subvenir à ses besoins. Garde-toi de t'arrêter à cette pensée impie et de te dire en toi-même : la septième année, qui est celle de la remise, est proche ! Ne détourne pas tes yeux de ton frère pauvre et ne lui refuse pas ce qu'il demande. Il crierait contre toi à l'Eternel et tu te chargerais d'un péché. Accorde-lui ce qu'il désire et accorde-le-lui sans regret » (1)... Il ressort de ce texte qu'il y avait pour le Juif un commandement de prêter à son frère pauvre, or, nous savons que le prêt fait de Juif à Juif devait être gratuit, par conséquent il peut y avoir des cas où l'on est tenu de prêter gratuitement.

Cette prescription de l'ancienne loi a été renouvelée dans le Sermon sur la montagne lorsque des lèvres du Sauveur tomba, au milieu de tant d'autres admirables préceptes, ce précepte d'amour : « *Diligite inimicos vestros : benefacite et mutuum date, nihil inde sperantes* (2). » — La charité fait un devoir, devoir parfois rigoureux et grave, de venir en aide aux malheureux, elle impose l'obligation de leur donner tout le superflu que l'on possède. « Nul, dit Léon XIII, résumant en quelques mots l'enseignement de toute l'Ecole,

(1) *Deutéronome*, ch. xv ; vv. 7, 8, 9, 10.
(2) Saint Luc, ch. vi ; vers. 35.

ne doit vivre contrairement aux convenances de sa situation, mais dès qu'on a suffisamment donné à la nécessité et au décorum, c'est un devoir de verser le superflu dans le sein des pauvres (1). » Si la charité peut faire un devoir de *donner* de son bien aux malheureux, à plus forte raison peut-elle faire un devoir de leur prêter ce dont ils ont besoin. Ce devoir est plus ou moins grave suivant que les besoins du pauvre sont plus ou moins pressants et les ressources du propriétaire de l'argent plus ou moins considérables. Préciser l'étendue de l'obligation n'est pas possible, mais il est incontestable qu'elle existe et que sa méconnaissance peut aller jusqu'à constituer une faute grave.

§ II. Fondements du droit de percevoir un intérêt.

1° *Etat de la question.* — Le prêt à intérêt est un contrat par lequel une personne remet une somme à une autre personne, à la charge par cette dernière de rendre au bout d'un temps déterminé la somme prêtée accrue d'un certain intérêt. Ainsi, je prête 1.000 francs, à la condition qu'à la fin de l'année on me rendra 1.040 francs. La justice demande que dans tout contrat onéreux il y ait égalité entre ce qu'on donne et ce qu'on reçoit ; il semble que l'on reçoit plus qu'on n'a donné lorsqu'après avoir versé 1.000 francs seulement on s'en fait rendre ensuite 1.040, la justice paraît donc lésée, à moins qu'on ne montre que, outre les 1.000 francs, le prêteur donne quelque chose valant 40 francs. Ce quelque chose existe-t-il et qu'est-il ? Voilà la question à résoudre. Tous ceux qui admettent la légitimité de l'intérêt admettent que ce quelque chose existe, mais ils cessent de s'entendre quand il faut indiquer en quoi ce quelque chose consiste.

2° *Enumération des opinions émises.* — Ces 40 francs représentent — d'après les uns, le *service* que rend le

(1) Encyclique *Rerum novarum*.

prêteur ; — d'après d'autres, la *privation* qu'il s'impose en se désaisissant momentanément de son capital ; — d'après d'autres, le *dommage* qu'il subit en se mettant dans l'impossibilité de faire fructifier son argent ; — d'après d'autres, les *risques de perte* auxquels il s'expose ; — d'après d'autres, la *différence de valeur* qu'il y a entre 1.000 francs qu'on a et 1.000 francs à attendre ; — d'après d'autres enfin la *vertu productrice* ou *productivité* du capital prêté.

3° *Vrai fondement du droit d'intérêt.* — Lorsque j'afferme à quelqu'un son jardin, pour un an, moyennant la somme de 100 francs, j'acquiers le droit de jouir seul de ce jardin, d'en exploiter la fertilité et d'en recueillir les fruits. Par conséquent, avec les 100 francs que je verse de loyer, j'achète, pour un an l'usage exclusif et la fécondité de ce jardin. De même, quand j'emprunte 1.000 francs à 4 0/0 j'acquiers le droit de jouir de cette somme sous les différentes formes que je pourrai lui donner et de garder les revenus que par mon travail et mon industrie je pourrai lui faire produire. Les 40 francs que je paie d'intérêt sont le prix d'un an de la puissance productive que possède le capital prêté. Quand l'année sera écoulée je rendrai les 1.000 francs que j'ai reçus, mais je ne rendrai pas la puissance productive que j'ai utilisée à mon avantage ; les 40 francs d'intérêt représentent la valeur de cette puissance absorbée à mon avantage ; par conséquent en rendant 1.040 francs au bout de l'an, je ne rends pas plus que je n'ai reçu, je ne rends que l'équivalent de ce qui m'a été remis ; la justice est donc rigoureusement observée et l'on doit dire que le *fondement vrai du droit d'intérêt se trouve dans la productivité de l'argent*, productivité que, dans les circonstances économiques actuelles, on ne saurait contester, ainsi que nous l'avons établi précédemment. Cette productivité pour ne point constituer une force germinative naturelle n'en est pas moins réelle et appréciable. Elle se ramène à l'aptitude que possède l'argent-monnaie de se transformer en capital et en se transformant en capital de concourir à la production, d'aider à réaliser des bénéfices, de procurer des satisfactions et de rendre des services.

Dans l'intérêt on peut voir, avec certains économistes, outre le prix d'un certain temps de productivité du capital prêté, une prime d'assurance contre le non-remboursement. Toute somme prêtée est plus ou moins exposée, il y a presque toujours un réel *periculum sortis*, une partie de l'intérêt sert à compenser cette chance de perte.

§ III. — Etendue du droit d'intérêt.

1° *On peut toujours légitimement prêter au taux légal, là où il en existe un.* — Nous ne voulons pas aborder la question, pourtant intéressante et autrefois très discutée, de savoir si le *titulus legis* ou le fait que la loi permet un certain intérêt, constitue un titre valable et suffisant par lui-même de perception de cet intérêt. Nous croyons que la loi déclare le droit et ne le crée pas. Nous voulons seulement faire remarquer que nul n'est mieux placé que le législateur pour connaître ce qui, en raison des circonstances de temps et de lieu, est convenable et juste. Il a pour mission de garder tous les droits, on doit supposer qu'il a décidé conformément à toutes les règles de l'équité quand il a fixé un taux et que par conséquent, en conformant notre conduite aux lois qu'il a posées nous ne pouvons qu'agir équitablement. En une matière aussi usuelle et aussi pratique que celle de l'intérêt, une loi qui favoriserait l'emprunteur au détriment du prêteur ou le prêteur au détriment de l'emprunteur, ne saurait tenir longtemps. La pression publique ou en imposerait vite la modification au législateur ou la ferait rapidement tomber en désuétude.

2° *En règle générale on doit s'en tenir au taux légal et ne pas le dépasser.* — Il faut s'en tenir à ce taux non pas seulement parce qu'il est légal, mais aussi et surtout parce qu'il est l'expression de ce que permet la justice. En le dépassant on s'exposerait à sortir des limites du droit. Pour le faire il est nécessaire d'avoir des raisons particulières, mais ces raisons peuvent exister. Si, par exemple, le péril de perte est plus qu'un péril ordinaire, le prêteur peut légitimement dépasser le taux légal, ce taux n'est spécifié que pour les cas normaux. Plus le *periculum sortis* est considérable plus on a droit d'élever la prime d'assurance et cela sans violer l'équité. Dans de pareils cas, pourtant, il serait préférable de ne pas prêter, on y gagnerait à tous les points de vue. On ne se placerait pas sur un terrain glissant, on ne s'exposerait pas à être traité d'usurier, et on ne courrait pas le risque de perdre son argent. La loi française du 12 janvier 1886 s'inspire des principes que nous venons d'indiquer. A cause des chances à courir, elle a rendu la liberté d'intérêt en matière commerciale. Il est inutile de faire remarquer que lorsque la loi fixe un taux, c'est toujours un taux maximum qu'il est défendu de dépasser, mais qu'on n'est pas tenu d'atteindre.

3° *Une réglementation légale de l'intérêt est bien moins utile aujourd'hui qu'autrefois.* — Jadis il était nécessaire de protéger les malheureux obligés d'emprunter contre la rapacité des usuriers qui les exploitaient d'une façon souvent indigne. A notre époque, les prêts se font dans de tout autres conditions, c'est le prêteur, beaucoup plus que l'emprunteur qui, dans la majorité des cas, est exposé à être exploité. La fixation d'un taux maximum a donc beaucoup moins de raison d'être. Les économistes, surtout les économistes de l'école libérale, réclament la suppression de toute réglementation d'intérêt, ils demandent qu'on laisse emprunteur et prêteur débattre librement les conditions du contrat, comme on laisse propriétaire et locataire librement débattre le loyer d'une maison. Ils disent qu'une réglementation est *inutile*, car aujourd'hui, par la force des choses, un taux normal s'établit de lui-même, qu'elle est *nuisible* à un grand nombre de ceux qu'on veut protéger, car, comme le fait remarquer Turgot, « fixer le taux de l'intérêt, c'est priver de la ressource de l'emprunt quiconque ne peut offrir une sûreté proportionnelle à la modicité de l'intérêt fixé par la loi ». — La doctrine de l'Eglise sur le prêt à intérêt n'appelle nullement une délimitation légale du taux ; la théologie demande une seule chose, c'est que les droits de la justice soient respectés et ils peuvent l'être, aussi bien en ce contrat qu'en tout autre, sans une intervention particulière de l'Etat.

On peut donc donc légitimement percevoir un revenu pour l'argent prêté, ce revenu trouve sa raison d'être dans la productivité du capital ; dans sa fixation, on a le droit de tenir compte des risques que l'on court de ne pas rentrer dans ses fonds. Autrefois l'Eglise et l'Etat promulguèrent un certain nombre de lois prohibant le prêt à intérêt. Ces lois ne doivent pas être regardées comme d'absurdes restrictions simplement parce qu'elles sont inapplicables aujourd'hui et qu'elles ne sont plus en rapport avec les progrès de la civilisation moderne. A notre époque, l'Etat a abrogé ces lois, et l'Eglise a officiellement reconnu qu'elle n'exigeait plus leur application rigoureuse. Elles n'obligent donc plus en conscience. L'Eglise pourtant maintient qu'il y a toujours un péché d'usure et les lois civiles par les pénalités qu'elles édictent montrent que tout péril d'inique exploitation n'a pas définitivement disparu du sein de nos modernes sociétés.

CHAPITRE V

L'usure aux temps actuels.

§ 1. — Persistance de l'usure.

« Tout principe et tout sentiment religieux ont disparu des lois et des institutions publiques, a écrit Léon XIII, et ainsi peu à peu les travailleurs isolés et sans défense, se sont vus, avec le temps, livrés à la merci de maîtres inhumains et à la cupidité d'une concurrence effrénée. Une *usure dévorante* est venue ajouter encore au mal. Condamnée à plusieurs reprises par le jugement de l'Eglise, elle n'a cessé d'être pratiquée *sous une autre forme* par des hommes avides de gain et d'une insatiable cupidité (1). » L'usure, en effet, existe malheureusement toujours. Ce mal qui, de tout temps, a fait tant de ravages, sévit sur les sociétés actuelles comme il a sévi sur les sociétés antiques, et dans ce triste ordre de choses le présent n'a rien à envier au passé. Les formes ont changé ; c'est tout. Les lois sont impuissantes à prévenir les abus et à les réprimer. Les coupables savent s'arranger pour passer indemnes à travers les mailles du code ; ils varient leurs procédés à l'infini et les perfectionnent de manière à déjouer toute poursuite.

Devas, un des meilleurs économistes catholiques, affirme dans son livre : *Political Economy* (2), que le XIXe siècle est le siècle de l'usure, *the century of usury*,

(1) Encyclique *Rerum novarum*

(2) *Political Economy*, p. 323.

et que cette pieuvre dévore la France, l'Angleterre, l'Allemagne, l'Italie, l'Autriche, la Russie, etc. ; donnant ainsi un démenti catégorique à l'opinion par trop optimiste émise par Claudio Janet qui a écrit : « L'usure a à peu près disparu des nations civilisées, ou au moins ne la trouve-t-on que sur les confins de la civilisation, là où elle est en retard ou bien là où elle commence (1). »

Il n'y a pas jusqu'à la vieille usure, l'usure provenant d'un prélèvement exagéré d'intérêt qui ne se rencontre encore aujourd'hui, même dans les pays les plus civilisés. Dans les campagnes, que de prêteurs à la petite semaine et à gros intérêts ! dans les villes, que d'usuriers avançant à des taux à peine croyables, aux jeunes gens prodigues l'argent dont ils ont besoin pour leurs folies, aux petits commerçants les sommes nécessaires pour faire face à des échéances criardes, aux ménages pauvres les quelques francs indispensables pour payer le terme et éviter d'être jetés à la rue ! les statistiques sont là pour nous édifier. Une des formes les plus usitées de ce genre d'usure consiste à dissimuler la majoration du taux, sous une majoration du capital. On prête 1.000 francs et on fait signer un billet de 1.500 ou de 2.000 francs que l'emprunteur souvent déclare avoir reçus en marchandise. Ce procédé met l'usurier à l'abri des indiscrètes curiosités de la justice et lui assure une impunité à peu près certaine. La preuve du délit est si difficile à faire !

§ II. — Formes modernes de l'usure.

Le mot usure a conservé dans la langue du droit sa signification ancienne ; dans le langage ordinaire, il est très souvent pris dans une acception sensiblement différente. On désigne couramment sous le nom d'usure toute perception surabondante de profit dans n'importe quel genre d'opération et par suite de n'importe quelle

(1) *Le Capital*, p. 535.

convention, on regarde communément comme usure toute injuste exaction, toute oppression abusive exercée en vertu d'un contrat, et comme contrat usuraire celui dans lequel on s'attribue au delà de ce à quoi on aurait régulièrement droit. Il y a usure toutes les fois qu'on ne paie pas les services d'autrui à leur juste valeur ou qu'on fait payer les siens propres plus qu'ils ne valent.

Autrefois l'usure classique était de beaucoup la plus commune, c'était même à peu près la seule qui existât; aujourd'hui l'autre est bien plus répandue et c'est d'elle surtout que souffre notre société. Elle revêt les formes les plus variées. Les indiquer toutes serait trop long et presqu'impossible; nous nous contenterons de signaler les principales.

C'est usure de profiter de l'indigence de l'ouvrier et du besoin qu'il a de travailler pour lui imposer des prix qui ne sont pas en rapport avec le service qu'il rend et la somme de travail qu'il fournit. C'est usure, en donnant un salaire convenable en soi, de le payer, dans un but de lucre, en marchandises, en consommations ou en monnaies fiduciaires n'ayant cours que dans les magasins du patron ou dans des magasins commandités par lui, comme cela se passe dans le *truck system* dont les ouvriers anglais et américains poursuivent l'abolition avec une inlassable énergie.

C'est usure d'introduire dans un contrat de travail, sous prétexte de discipline, de malfaçon ou autres, des clauses dont le résultat est de permettre d'opérer sur le salaire d'injustes et arbitraires retenues. — C'est usure de trop faire attendre le salaire de l'ouvrier ou de prélever un escompte pour les avances qu'on lui fait. — C'est usure de majorer le prix d'une marchandise à cause de l'extrême besoin qu'en a l'acquéreur. — C'est usure de vendre à crédit en faisant intervenir des combinaisons qui ne servent qu'à dissimuler des intérêts énormes et constituent une indigne exploitation du pauvre. — C'est usure de payer au-dessous de leur valeur à un propriétaire ses récoltes, à un négociant ses marchandises parce qu'on sait que ce propriétaire et ce marchand ont absolument besoin d'argent. — C'est usure de prélever un courtage exagéré ou une commission sans proportion avec le service rendu quand on sert d'intermédiaire dans une affaire ou un marché. — C'est usure de provoquer des hausses ou des baisses sur le prix des denrées, métaux et autres produits en recourant au système condamnable des monopoles, accaparements, trusts ou kartelles. — C'est usure et escroquerie d'attirer des fonds dans une entreprise par des promesses fallacieuses et des réclames mensongères. — C'est usure, en lançant une affaire, de se tailler la part du lion et de se réserver dans les dividendes au delà de ce qui est raisonnablement permis. — C'est usure par de fausses nouvelles d'influencer le marché et de réaliser de la sorte des bénéfices qui ne sont que le fruit de l'injuste spoliation d'autrui. — C'est usure pareillement de recourir pour s'enrichir vite, à des procédés d'agiotage et de spéculation reprouvés par l'équité. — Telles sont quelques-unes des formes que revêt l'usure de nos jours, formes signalées par Léon XIII et employées « par des hommes avides de gain et d'une insatiable cupidité. »

§ III. — Remèdes a l'usure moderne.

« Une législation contre l'usure, a écrit Devas, est dans un *well regulated State* (dans un Etat bien réglé) un devoir de première nécessité (1). » Il faut reconnaître que les lois, souvent si sévères envers un malheureux qui dérobe ne serait-ce qu'un pain à la devanture d'un boulanger, se montrent singulièrement tolérantes à l'égard de ceux qui pratiquent en grand l'injustice et le vol par quelqu'un des moyens que nous venons d'indiquer. Le code pénal se tait presque complètement à leur endroit. Malgré la réelle difficulté qu'il y a à les atteindre, il serait possible d'arrêter certaines mesures prohibitives que réclament depuis longtemps un grand

(1) *Political Economy*, p. 323.

nombre de ceux qui s'occupent des questions sociales.

Ces mesures sagement prises et rigoureusement appliquées pourraient incontestablement donner quelques bons résultats, et cependant nous ne croyons pas qu'elles constituent le remède attendu au mal de l'usure. Malgré les lois religieuses et civiles les plus sévères, l'ancienne usure a été pratiquée ; la nouvelle, aux formes plus variées et plus insaisissables, sera pratiquée pareillement malgré règlements et défenses. On trouvera toujours moyen de tourner la loi et de passer à travers les mailles du code le plus serré. Nos modernes usuriers ne se sentiront guère plus gênés que ne le furent jadis leurs devanciers Juifs, Lombards ou Cahorsins.

Le seul remède vraiment sérieux consisterait dans la réforme des mœurs, la compression des appétits égoïstes, la diminution du luxe, la modération dans les dépenses, le respect du droit d'autrui, la conception plus exacte de ce que demande la justice ; toutes choses qui ne sont possibles que par un retour sincère à l'observation des maximes de l'Evangile.

Il n'y a que la religion qui puisse avoir sur les consciences une influence suffisante pour extirper un abus si ancien et si répandu. Il ne disparaîtra que le jour où l'esprit du Christ aura pénétré les masses et ramené sur la terre une plus large pratique de la charité et de la justice. Léon XIII nous le déclarait formellement lorsqu'il écrivait : « Que chacun se mette à la part qui lui incombe, que les gouvernants fassent usage de l'autorité protectrice des lois et des institutions, que les autres se rappellent leurs devoirs, et puisque la religion seule est capable de détruire le mal dans sa racine, que tous se souviennent que la première condition à réaliser, c'est la restauration des mœurs chrétiennes sans lesquelles même les moyens suggérés par la prudence humaine comme les plus efficaces seront peu aptes à produire de salutaires résultats (1). »

(1) Encyclique *Rerum novarum*.